JN145698

足立流ど根性幸福論

足立雄三

ほんの木

ブックデザイン　渡辺美知子

まえがき

二〇〇〇年八月三一日、私はそれまで三五年間務めてきた会社を辞めました。五三歳。中学生から大学生までの四人の息子はこれからが一番お金がかかる時期なのに、病気になったのでも、人間関係に悩んだのでも、会社に不満があったわけでもなく辞めたのです。妻にも家族にも相談しませんでした。はっきりいって、格別な理由もなく、何をしようという予定もなく辞めたのです。あえて言えば、高校を卒業して就職し人の何倍も働いてきて、ふと「ここらで一休みしようかな」と思ったのです。

自分で言うのもなんですが、私は遣り手の営業マンとして、会社でも他社の営業マンからもそれなりに知られていました。その力を買われて、赤字だった支所に所長として赴任して数年で立て直しただけでなく、地域で売上二位の支所にまで押し上げました。仕事は順調で上司からの信頼も篤く部下からも信頼されていたので、特に辞める理由はありません。

その朝、上司の部長に「昼に行きます」と電話をし、退職届を渡しに行きました。理由を聞かれたので、「会社に特に不満もないし、これからのアテもないが、とりあえず一回休憩して体を休めてから何かをやりたい」と話しました。部長は「受理はしないが、とりあえず預かっておく」と言いました。引き止める上司もたくさんいましたし社長からも連絡がありましたが、私の決意は変わりませんでした。最後の挨拶をして会社を後にした時には、淋しさも悲しさもありません。むしろ、ほっとしたような気持ちでした。

その後、私は以前から一度やってみたいと思っていた竹炭を焼いて暮らしました。もちろん収入にはなりません。生活費や保険料は当たり前のように出ていきますから、退職金も貯蓄もあっという間になくなり、生命保険を解約しました。

なぜ辞めたのか？

ある時ふと、これだけ仕事をやってきたけれど私自身のものは何も残っていないと思ったからです。支店長にはなりましたが、サラリーマンはやはりサラリーマン。営業を懸命にやってきたものの、何も残したものがないことに気づいたのです。残るものが何か欲しい……と思ったのです。

定年まであと七～八年ですから、そこまで勤めあげてからという考えもなくはないし、うまくいけば社内でもっと上に行けるかもしれないとも思いました。子ども達に一番お金がかかる時期ですから、辞めれば大変なこともわかっています。私が考えたのは六〇歳で辞めた場合と五三歳で辞めた場合、何かを始めるとしたらどれだけ無理がきくかということでした。何をやるかは決めていませんが、そう思ったのです。そして、決めないままに五三歳で辞めました。

それから一年ほど経ったある日、高校生だった次男から「親父、そろそろ仕事をしてくれんやろか」と言われました。それをきっかけにやろうと決めたのが調剤薬局でした。調剤薬局とは病院内で薬を調剤する「院内処方」ではなく、医師の診断による処方箋を持って病院の外で薬をもらう「院外処方」を行う薬局のことです。私は長く医薬品卸の会社、いわゆる薬の問屋に勤めていたので、問屋と小売という違いはあっても、調剤薬局ならなんとかなるだろうと思ったのです。

二〇〇一年九月一〇日に会社を設立、その年の暮れに「ささゆり薬局」一号店をオープンしました。それから約一六年が経ち、現在は八店舗の薬局のほか二つの認知症のグループホーム、訪問介護事業によって、年商一七億円にまで成長しました。

ここ数年、私のところに営業のやり方や起業について話を聞きに来る人が増えてきました。そのたびに私の経験が何か役に立てばと思い、丁寧に答えてきました。それを繰り返しているうちに、私の経験をもっと多くの人に知ってもらい、役立ててもらえないかと考えるようになりました。

本書は、私がなぜゼロから起業したのか。退職までの30年間、営業マンとして成功できたのはなぜか。私の営業の考え方と具体的な手法から、起業の成功のための秘訣を嘘偽りなくすべて開示したものです。名付けて「足立流　ど根性幸福論」。

ただし、「ど根性」には失敗する「ど根性」と成功する「ど根性」があります。失敗する「ど根性」は、がんばればなんでもできるというがむしゃら精神主義です。昔はともかく、現代ではそれでは成功できません。

成功する「ど根性」には、緻密な計算と冷徹な判断と本当に相手を思いやるこころが必要です。現代は、泥臭いことを厭う傾向がありますが、成功している経営者は、外からはどんなにカッコよく見えても、必ず泥臭いことを地道にやっているものです。本書では「足立流」の泥臭さを思い切り書いています。

営業に悩んでいる人、起業を考えている人、起業したけれど行き詰まっている人に読んでいただければと思います。

足立雄三

目次

第一章

成功したいなら「ゼロ」から始めろ

起業に失敗するパターン

五四歳でサラリーマンから経営者への転身した私が、なんとか成功できた最大の理由は、私がサラリーマン時代のコネクションをあてにせず、ゼロから始めたからです。サラリーマンを辞めて起業をする人は年齢に係わらずたくさんいますが、そのほとんどがサラリーマン時代の得意先や同僚を頼るなど、それまでに築いた人脈を前提にスタートします。担当していた得意先をまわって頼めば開業時から仕事ができます。まずはそこで収入を確保して、だんだん広げていけば良いという発想です。最初から、これだけのコネを使えばこれだけの収入がある、これだけのつてがあればこれだけの儲けが出るはずだ、と甘いことを考えるわけです。

しかし、そうやって始めるビジネスは最低です。コネを前提で事業計画を立てますから、それがなくなった時にどうなるのかということは考えません。最初に得られた仕事を自分の実力だと勘違いし、それでよしとするから本当の実力もつきません。最初にもらえた仕事だけで終わってしまうし、仕事の伸ばし方がわからないから失敗する。私はそういう起業家を何人も見てきました。

わかりやすい例が、生命保険会社の営業です。新人の勧誘員はまず家族や親戚、友人をまわって契約を取ります。営業の力がないため、身内の縁を頼って契約を取るしかないのです。ところが、しばらくして知り合いとの契約が終わると、それ以上の契約は取れません。それまでの間に何のノウハウも蓄積していないのですから、取れるはずがない。しかし、ノルマがありますからどんどん追い込まれていき、辞めてしまう人も出てくる。そうやって入れ違いに次々と新人が入ってくれれば、儲かるのは生命保険会社だけです。

逆に、入社当初から全く知らない人に営業をかけて契約を取ろうとする人は、最初は成績が上がらないでしょう。辛いことも多いはずです。しかし、そうやって少しずつでも契約を取っていくうちに、徐々に実力がついてきます。どうしても困った時、最後の手段として身内や知人の契約を取るようにすれば、その契約はプラスαになっていきます。そういうやり方をする人は成功します。はじめに身内に頼れば楽ですが、いずれ手詰まりになるのは目に見えています。しかし、ゼロからの試行錯誤の苦しみは、着実に本当の力になってきます。起業にも似たようなところがあります。

義理と人情だけのビジネスはない

起業して、サラリーマン時代のつてを頼らず、ゼロから取り引き先を作る人は、苦しくても自分の力だけでどうにかしようと地道な努力や工夫をします。そうしなければやっていけないから、必死になります。そうやってようやく取れた一件目や二件目の仕事は、本当に大事にするはずです。その仕事を起点にすることで、事業家として次のステップも見えてくるようになります。この踏ん張りが自分の本当の実力になっていくし、会社の本当の力になっていくのです。この段階で得られたノウハウがどれだけあるかによって、後々差がついてきます。

サラリーマン時代のつてで得た仕事は、言ってみれば義理と人情だけです。しかし、義理と人情のビジネスはありません。義理も人情も大事ですが、きっちり一線を引いておかないとビジネスは成り立ちません。義理と人情のお互い様は楽そうに思えますが、調子のいい時だけの関係です。その関係にどっぷり浸かっていると、相手に何かがあって自分のビジネスが苦しくなっても、辞めるに辞められません。関係を切ろうと思っても切れず、足枷になることもあります。つまり、最初から手詰まりのビジネスにしてしまっているのです。

起業から一〇年以内に、八五〜九〇パーセントの会社が潰れるというデータがありますが、それは事業の内容に関係なく、義理人情とビジネスの線引きができていない人が多いからです。ここを勘違いしている人は、起業しても失敗します。書類上で会社を登録した時に、「起業した」と言う人がいますが、それは起業ではありません。ゼロから始めて取り引き先を取れた時が本当の起業です。一つ、二つと自分だけの力で仕事を成功させ、自分なりに足場ができたと思えたら、以前の得意先に行ってもいいでしょう。そうすればさらにどんどんよくなって成功していきます。

本当に自分の会社を作ろうと思うのなら、ゼロからスタートする。それが成功の秘訣です。私がゼロからスタートできたのは、サラリーマン時代のコネでなく、営業の経験を活かしたからです。私は営業が上手くできない人は経営者にはなれないとまで思っています。そこでまず、私が営業マンとして学んできたことからお話ししたいと思います。

営業にはインパクトが大事

私が就職したのは、高校を卒業した昭和四一年（一九六六年）、愛知県名古屋市にあったD薬品という、昭和二三年に設立した小さな医薬品卸会社でした。社員は五〇人ほどで、その半数が営業職。私も営業部に配属されました。取引先は、医師の先生と奥さんの他に看護婦さんが数人いるような個人病院が多く、そうした個人病院をまわるルート営業が中心でした。薬を買ってくれるかどうか、全ては経営者でもある医師とその奥さんにかかっています。営業成績をあげる基本はコツコツとまじめにまわることです。常に目配りや気配りをして、先生や奥さんにどうしたら可愛がってもらえるか、それはかり考えていました。

先生の言ったことは、どんなことでも覚えておきました。忘年会などの集まりがあれば、これでもかというくらい男芸者に徹しました。人と違うことをやって笑わせることにも一生懸命でした。そのために、接待で行ったクラブのお姉さんがやっていることを参考にしたり、お座敷の芸妓さんがやっている技を盗んだりもしました。もちろん、そのままやっても受けませんから、自分なりにアレンジします。そのうちに、

「あいつ、面白いじゃないか」「今度飲みに行こう」と言われるようになります。私もそれぞれの先生が何を好きなのか、だんだんわかるようになってきます。そこを狙って、常にどうすれば上手くいくか考えていました。

営業一筋に歩んできた私の営業スタイルは、若い時から一貫して「他の営業マンとは違うことをする」ことです。いい悪いは別として、営業はインパクトが重要です。最初は変な奴と言われても、相手に強い印象を持ってもらうことを心がけました。その典型が若い頃の服装です。

ヤンキーのような服装で

医薬品卸の営業の服装といえば、普通は紺やグレーの背広を着た堅そうな感じです。私も勤め始めたころは普通の背広を着ていましたが、途中から明るいピカピカした紺色や、ちょっと光物が入ったグレーの背広にしました。靴は普通の革靴でしたが、鞄は昔の不良の学生鞄よろしく、押しつぶしたような薄いもの。髪の毛を五分刈りして眼鏡は細い金縁で、レンズは内側に斜め四五度傾いていました。一言でいえばヤンキーというか、ちょっとしたチンピラのような格好です。

同僚には、「何でこの鞄を持っているのか知ってるか？　腹を刺されに来たらガーンと止めなきゃいけないからだ」と言っていました。薬品の営業マンには絶対に見えません。そんな格好の営業マンは社内でも私だけですし、他の会社にもいません。そういう格好をしてみたかったというのもなくはないですが、目立つためにわざとそうしていたのです。というのも当時はビートルズが来日したりして、若い人を中心に長い髪が流行っていました。そこで短くすれば受けるだろうとわざと五分刈りにし、服装もそれに合わせたわけです。

二〇代になったばかりの私には、他社のベテラン営業マンに勝てるような仕事はできません。しかも、当時の医師はいまより遥かに偉い存在で、まるで雲の上の人のように見られていました。その中で他社との戦いに勝つには、強いインパクトが必要だと思い、こういう格好がいいと考えたわけです。どんなことをしても注文を取ろうという一念でした。チャレンジではありましたが、狙い通り「おお、いまどき珍しい若い奴だな」と言われたり、「いまどき珍しいスタイルだね」「こういうのもなかなかいいじゃないか」と、たくさんの先生が褒めてくれました。

格好と行動のギャップが魅力になる

結局、私は三〇歳になるくらいまで、チンピラのような格好で通しました。いつもみんなから「怖い」と言われていました。名古屋の繁華街の袋小路に入って行ったらヤクザと間違えられ、チンピラみたいな連中に囲まれたこともあります。飲み屋では刑事にもよく間違えられました。ヤクザではなさそうだから刑事じゃないかと思われたようです。

それでも私は、先生方みんなから好かれていました。私自身の性格もあったでしょうが、先生方に言われれば日曜日でも関係なく対応していましたし、どんなことでも先生方の言うことを聞いていたからでしょう。

ライバル会社の営業マンと堂々と戦っていたことも、認められた理由だと思います。注文を取りに行く時は価格競争になりがちですが、私はそれだけでなく、先生から「お前から買うよ」と言ってもらえるようになることが勝負だと思っていました。

例えば、いまでは病院の待合室などにある観賞用の鉢植えはほとんどがリースですが、当時は病院の所有で、職員が手入れをしなければなりません。しかし手入れが行き届かず、根腐れしている植木がありました。私はそれを植え替え、砂を入れてあげたりしました。病院や先生の自宅の庭の手入れをしたこともあります。これをしたら先生が喜んでくれるのではないかなと思ったら、すぐに実行しました。現在では医薬品卸の営業がそうした労働提供をすることは禁じられていますが、当時は規制がなかったので、思いついたことはどんなことでもしました。

ふだんの何気ない努力も大切です。私はルート営業として決められたコースをまわっていましたが、道を走っている時も、自分の営業エリア内のどこにどんな店があるのかを覚えておくようにしました。あそこに電気屋があったな、ここにあれがあったなと頭に入れておくのです。それは時に先生から「足立さん、これ買ってきてよ」と頼まれることがあるからです。例えば「足立さん、蛍光灯三本急いで買ってきてよ」と言われれば、「どこに売ってますか？」とは聞かずに覚えていた店に向かってさっと買って届けます。小さなことですが、「あの人に頼むと、説明しなくても二つ返事ですぐに買ってきてくれる」という実績は、案外大きな効果があるものです。こうしたふだんからの積み重ねが、大きな成果につながっていくわけです。

私の格好を見て「生意気だ」と言っていた人も、付き合いを続けているうちに、

「生意気に見えるけれど、けっこう真面目なんだな」、あるいは「怖そうに見えて面白いところもある」と言うようになっていきました。変わった格好をしている若い営業マンが、他の営業マンよりも真面目に献身的に、いろいろなことをやってくれる。そのギャップも含めて、面白い奴だということになり、それが営業成績に結びついたのだと思います。

営業の第一歩は挨拶

ルート営業とはいえ、全く知らない先生のところに飛び込みで営業に行くこともあります。すると挨拶に行っても会えないどころか、こちらがお辞儀をしても挨拶さえしてもらえないことがあります。そういう時に同僚は「挨拶もしてくれない」と嘆いていましたが、私は「営業だからいきなり行って会ってくれることなどあるはずがない、無視されるのは当たり前」と思っていました。一度は会えても次に行くと「今日は帰ってくれ」と言われることもありますが、それも当たり前だと思っていました。

しかし、どんな対応をされても、何があっても、毎日毎日、名刺を置くためだけに通いました。行き始めたら毎日徹底的に行く。断られても断られても、断られても通い続ける。あまりのしつこさに「いい加減にせんか、こらっ！」と怒られることもありましたが、私は「相手が怒った時こそ最大のチャンス」と思っていますから、めげません。

怒るということは、その人が私を意識しているということです。意識していなかったら怒りません。だから怒られたからとこちらが折れてしまったら、意味がありません。私は怒られた瞬間、心では（勝った！）と思っています。そして（よし、これからまた毎日行かなければ）と、翌日もまた行きます。この時に一日でも行かなかったら終わりです。ともかくなんでもいいから顔を出す、これが営業の鉄則です。

妙な言い方ですが、私は営業先の先生をいじめに行っているような気持ちでした。いじめて怒らせてやろう、怒らせれば勝ちだと。いじめるつもりで行くから腹が立たないのです。そこまでやっても、「しつこい」と会社に電話してくるような先生は、まずいません。クレームがあれば上司が「もう行くな」と言うかも知れませんが、そんなことは一度もありませんでした。もっとも私が上司なら間違いなく「気にしないで行け」と言いますが……。

そうやって私が挨拶して、相手からなんらかの反応が返ってくるようになれば、しめたものです。「よおっ」と言うくらいで充分ですし、言葉でなくて、ちょっと視線をくれるだけでもいい。「今日は早いじゃないか」というような声が返ってきたら、もうこっちのものです。営業の一歩は、相手と挨拶ができるようになることから始まります。

どこの馬の骨かわからないような奴が挨拶にくれば、無視するのが当たり前です。無視されなくなり、きちんと挨拶をしてくれるようになるまでは、大変です。挨拶が返ってくるようになれば（ああこれでうまくいく）と、ようやく次の段階に進めるわけです。

「一杯のコーヒー」を飲ませる意味

話は少し違いますが、政治家や役人が贈収賄で捕まることがあります。贈収賄が何から始まるかと言うと、一杯のコーヒーからだそうです。相手も収賄が犯罪になることを知っていますし、露見すれば一生を棒に振ることもわかっています。そういう相手に最初から何十万円、何百万円というお金を動かそうとしてもできません。しかし、接触を重ねるうちに、「コーヒー一杯くらいなら」とご馳走になる。すると次には別のものを期待するようになる。それが食事なのかお土産なのかお酒の場なのか、いろいろなケースがあるでしょうが、人間の心の動きはコーヒー一杯から始まるのだそうです。

「つまり一〇〇〇円の品物をもらうと、次には三〇〇〇円の品物を期待するようになる。そうやって、だんだん感覚が麻痺し慢性化していく。誰かにちょっと働きかければ何かがもらえるとなると、どんどん贈収賄の深みにはまっていく。たった一杯のコーヒーが、いつの間にか犯罪にまで至るのです。ハードルがどんどん上がっているのに、そのことに鈍感になって、それが当り前になって犯罪者になってしまう。収賄に巻き込みたい側から言えば「コーヒーをどうぞ」と言って飲んでくれたら「もうこっちのものだ」と思うはずです。

私はもちろんそんなことをしたことはありませんが、一杯のコーヒーから巻き込まれていく人の心理も、コーヒーを一杯飲ませることで巻き込んでいこうとする人の心理もわかる気がします。言い方は悪いですが、営業はそうした心理を突くことから始まるからです。私のしつこさに負けて怒った先生は、その瞬間に私が飲ませたかった「一杯のコーヒー」を飲んだのです。一杯のコーヒーを飲ませること、それが営業の第一歩です。

高くはないがインパクトのある手土産

挨拶ができるようになると、次はどんな手土産を持っていくかが重要です。営業には手土産がつきものですが、私は何を持っていくかについてもずいぶん工夫しました。普通は高級なものを買っていくのが良いと思うでしょうが、営業は高いものを持っていけば良いというものではありません。それならどんな営業マンでもできます。それに初めから松阪牛の高級ステーキを持っていけば、下心が見え見えで嫌味になります。そうならずに、誰もできないけれどインパクトのある手土産とは何かといつも考えていました。

例えば、最初の挨拶を返してもらえるようになった次の訪問の時に、バナナを持っていったことがあります。自宅を訪問し、バナナを一箱黙って置いて来ました。バナナは安いものですが、箱にどっさり持っていけばインパクトがあります。生ものですから放っておけば腐ってしまいますし、捨てるのは忍びないので必ず食べます。しかも安いものですから気軽に――心に負担を感じずに食べられます。余ったら事務や受付の職員に分けてもいい。

搾《しぼ》りたての牛乳を持っていったこともあります。酪農家に頼んで搾りたての牛乳をわざと一升瓶に入れ、「搾りたてだから、みなさんで飲んでください」と持っていきました。一升瓶に入れて看護師さんも含めて「みなさんに」と言えば、捨てる人はいません。しかも飲めば間違いなく美味しいのです。

そうやってから、次に訪ねると、先生にすっと会うことができました。搾りたての牛乳は安い手土産ですが、間違いなくインパクトがありました。先生に直接手渡さずに、あえて先生がいない時間を見計らって何かを持っていくこともありました。今日は往診でいないとわかっている日や、院内にいることはわかっていても絶対に会えない時間を見計らって訪ね、「○○が手に入ったので急いで持ってきました。食べてください」とだけ言ってさっと帰ってくる。そして次に訪ねる時には、会える時間帯に行く。

ちょっとしたものを次から次へ、黙って置いてくる。名乗らなくても誰が持ってきたかわかりますから、相手はちょっと挨拶しないといけないような雰囲気になります。お土産に本当のインパクトがあれば、次に先生に会えた時「この前はありがとう」「あれは美味しかったよ」などと言ってくれます。これでまた一歩踏み込めるわけです。

高級品はさり気なく

親しくなってくれば、高級松阪牛のような手土産を持っていくこともあります。普通は、有名百貨店の包装紙に包んだままで手渡すでしょう。しかし、それではいかにも先生のために有名百貨店で買ってきましたと言わんばかりです。私は逆をやりました。同じ高級松阪牛を持っていくにしても、有名百貨店の包装紙は破り捨てます。「いま、肉屋に寄ったら美味そうな肉があったから買ってきました。一回食べてみてください」と言って渡す。すると後日会った時に「あの肉は美味しかったなぁ」と言ってもらえることになります。有名百貨店の包装紙に包まれていたら、旨いのは当り前です。それも悪くはありません。悪くはありませんが次に同じものを持っていっても、（また有名百貨店で買ってきたな）と思われるだけです。ところが「肉屋に寄ったついでに買ってきた美味しい肉」と言うと、強いインパクトが残ります。

泥付きの大根を持っていったこともあります。いまの大根は葉っぱを切って売られていますが、当時はまだ葉っぱを付けたまま売られていました。その大根を買い、わざわざ泥を塗って持っていったのです。ただの大根ですが、相手は抜いてきたばかりだと思います。そこにインパクトがあるわけです。

剥製が好きな先生にアプローチしている時は、猟師と知り合いになって「いい山鳥が獲れたら連絡してよ」と頼んでおいたこともありました。連絡が入ったらすぐに猟師のところへ行き、獲ってきたばかりの山鳥を持って先生のところへ「剥製にしてください」と持っていきました。ただし、きのこ類はいくら美味しくても、万が一食中毒になったら困るので絶対に持っていきませんでした。

あまり言いたくありませんが、もっとひどいこともやりました。先生と二人だけの時、何も言わずに目の前のゴミ箱に商品券をパサッと捨てたのです。拾うも拾わないも相手の勝手です。

手土産に何を持っていくかいかないかということも、営業のテクニックの一つです。

良いコミュニケーションをはかるには、他の人とは違うテクニックを持っていなければいけません。日本酒一本で大きな契約が取れることもあります。繰り返しますが、手土産は値段ではありせん。インパクトの強い物を持っていけるかどうかが重要なのです。

そのサービスはずっと続けられるのか?

ただしインパクトがあれば何でもいい、何をしてもいいということではありません。包装紙を破って高級松坂牛の肉を持っていくことも、大根に泥をつけて持っていくのも難しいことではない。「この間、先生から○○をいただいたので、ほんのお返しです」とか、「先生、これを持ってきました」と言えばそれで済むことです。

しかし、先生や奥様、お子さんの誕生日、病院の記念日などに何かを贈る場合には、一度始めたら毎年続けなければならなくなるかもしれません。一度やると相手は何も言わなくても次を期待するからです。次にやらないと、「なんだ一回だけじゃないか」と逆効果になることもあります。そこまで考えて「これなら続けられる」という判断をしなければなりません。「相手のために」は大切ですが、同時に闇雲にその場限りのことをやっているだけでは、思わぬ失敗をすることもあります。その見極めは非常に難しいところです。

私は営業マンの時にサービスとして始めた二カ所の病院の駐車場の草刈りを、いまでも年に三回続けています。一カ所は五〇～六〇台の車が停められる広い駐車場、もう一カ所は朝早くても夕方でも近所の人からうるさいと叱られるので、真夏でも誰もいない真っ昼間に刈らなければなりません。一度切ったら毎年必ずやらなければならないことはわかっていましたから、「この先生と付き合っている限りは、季節になったら必ずやる」と覚悟を決めて始めました。

また親しくなってから無理なお願いをした時に、どのようにお礼の気持ちを表わすかも難しいことです。高級なものを贈ればいいというわけでもありません。逆に嫌らしくなるからです。さりげなくて珍しいもの――、私は誰でも買えるが近場では売っていないもので、何かしらプラスαがあるものを探します。さらに一回だけ渡せばいいのか継続して渡さなければならないのかも考えます。

大切な話は日時も含めてメモしておく

私にも気軽に引き受けて苦労した経験があります。先生が、お盆に帰省するための飛行機チケット取りを任されたことがありました。いまはネットでも買えますが、昔は窓口に並ばなければなりませんでした。私は旅行会社の知り合いに頼めば、並ばずに取れることがわかっていたので引き受けました。ところがその年から毎年切符を取らなければならなくなったのです。いつもの知り合いに任せておけば大丈夫だとわかっていても、先生がすっかり安心しているので、実際のチケットを見るまで心配でなりません。さらに列車の切符も任されるようになると、毎年お盆の一カ月前くらいから胃に穴が開きそうでした。

ただこの時に、必ずやっていたことがあります。それは先生から「何月何日○時○分の新幹線を取ってくれ」と言われたら、必ず「先生、悪いけど私が間違うといけないから」と言って、メモに自筆で書いてもらっていました。そのメモは旅行会社の人に渡しましたが、コピーをとって切符やチケットが先生の手に渡るまでは、絶対に保存しておきました。先生が言ったとおりに取っても、先生が言った日時が違っていると私の責任になるからです。

知り合いの刑事が、大事なことが起こった時には、何月何日何時頃にパトカーが何台いたといったことを必ずメモしておく、と聞いたことがあり、それ以来私も何か大事なことがあった時には、メモすることにしたのです。例えば医師との話し合いになる時には、何月何日に誰と会ったとか、その場に奥さんがいたなどとメモします。そうすれば後で行き違いがあった時に、「あの時はこうでしたよ」と言えます。自分の正しさを証明したり相手を追い詰めるためではなく、「それは何月何日何時頃、こういう話でしたよ」とメモを見せれば、こちらが正しいことがわかりますし、納得してもらえます。仕事もスムーズに進み、相手からも信用されます。

同じように、大事な話をしにいく部下には、「絶対に二人で行け」と指示していました。一人だと曖昧になってしまうことがあるので、もう一人はただ聞いていればいいからと同行させました。

私は、独立したいまでも重要な話の時は、「何月何日どこで会ってどんな話をしたか」と、必ずメモをします。仕事でトラブルがあるのは仕方ありません。しかし、そのトラブルをできるだけ小さくするような用意や、未然に防ぐための準備だけは、やっておかなければいけません。

相手の気持ちになって考える

　ところで、良い手土産を持っていった後で、相手からの返事を期待して、自分の方から「あれは美味しかったですか？」などと言う営業マンがいますが、こういう人は必ず失敗します。相手は（評価して欲しくて持って来たんだな）と思いますから、不機嫌になります。先生の足もとを見て、いかにも義理で持ってきたような雰囲気になりますから逆効果です。どんなに良いものを持っていっても、その一言で台無しですし、その一言を言った途端に、セールスの質がガクンと落ちます。そういうことは絶対に言ってはいけないし、そういう態度も見せてはいけません。あくまでも「旨いものがたまたま手に入ったから持って来た」ことが大切なのであって、それ以上でも以下でもありません。（仕事のことはまた別の話だ）という気持ちでいることが重要です。

　何かの交渉をする場合でも、営業側が先に決めて「こうやりますのでお願いします」というと、まとまりにくいものです。ところが「ちょっと相談で来たのですが、こういうことではどうでしょうか?」と言うとオッケーになることがよくあります。内容は同じであっても、受ける側の心理が全く違うからです。結論は同じことになるとわかっていても、自分の気持ちを抑え、相手の気持ちになって考える、これが営業ではとても大切なのです。

何を手土産にするかについても間違えてはいけないのは、奇抜さを狙うのではないということです。相手の顔が一人ひとり違うように、それぞれの先生には違う好みがあります。相手に合わせて、自分が向かい合っている人がどうやったら喜んでくれるかを考える。考えて考えて工夫する。どんな相手であっても気持ち良く会い、気持ち良く帰ってもらうにはどうすればいいかをいつも考える。ふだんからそう思って自分の周囲を見ていれば、ヒントはたくさんあります。考え続けると、相手に本当にインパクトのある手土産を贈ることができるのです。営業マンには、そうやって出てきた発想が重要です。

常に「きっかけ」を探す

こんなこともありました。先生とかなり親しくなったのに、なかなか注文が取れずに困っていた時期のことです。ある日、病院を訪ねてふと駐車場を見ると、「YAMAHA(ヤマハ)」というロゴが付いた車が停まっていました。その瞬間にピンとひらめいたことがありました。そこで院長室で先生に会うとすぐに「駐車場にヤマハの車が停まっていますが、ピアノじゃなさそうですね。もしかしたら先生は船を持っていらっしゃるのですか?」と聞いてみました。先生は「足立くんはわかってるねえ。実は僕、小型船舶の免許を持っているんですよ」と話し始めました。この日から急に注文がもらえるようになったのです。

私が営業で成功したのは、そうした細かいことを目ざとく見つけられたり、機転の利かせ方がうまかったからでしょう。それができたのはお得意先に行く時には、いつも何か「きっかけ」を探していたからです。ここでも大切なのは相手が喜ぶことを考えることです。先生によって趣味も性格もいろいろですから、それぞれの先生がいま何を望んでいるかをいつも考える。先生はこれをやったら絶対に喜んでくれるということを探し続けるのです。

関心のない話題は相手に預ける

しかし、私が全く関心がないことが好きな先生もたくさんいます。

山野草の好きな先生がいましたが、私は全く興味がなく、山野草の名前を一つも知りません。それでも一緒に山や林道に山野草を取りに行きました。先生から見ると珍しい花でも、私にとってはどれもただの花です。知らないから変なことも言えません。調子を合わせようと無理をすると見透かされます。わからないことはわからないと正直に言うしかありません。適当に話を合わせるのではなく、相手に好きな話題を預けてしまって、むしろ「先生、この綺麗な花は何ですか?」と聞いてあげる。「足立君、この綺麗なのはこういう花でな」「そうですか。その花はどこにでも咲いているわけではないのですか?」「うん、そうだね。この花は標高六〇〇メートル以上でしか咲かないんだよ」と喜んで説明してくれます。花を掘る時も先生の言う通り。それでも、私からすれば先生と行くことが一つの目的ですから、どこにでも付き合いました。

なんとなく合わない相手との付き合い方

生理的になんとなく合わない先生もいます。話は合わせられますが、私が生理的に合わないと感じているということは、相手の先生も合わないと思っているはずです。それでも「まあ、行くだけ行ってみよう」と会いに行く。ただし難しい話はせずに、顔だけ出していればいいくらいの気持ちでコツコツ行く。合わないのに無理して合わせても、相手だって嫌でしょう。ちょっとしたことでカチンとくるし、最悪の場合、プチンと切れてしまうかもしれません。だから「いつもお世話になってます」と言いに行くだけ。こうした相手とは、そのくらいの気持ちでなければ続きません。

曖昧な関係でも繋がりを絶やさずにいれば、そのうちに競合相手が失敗して、こちらに話が来るかもしれません。そういう機会をじっと待つ。繋いでおきながら虎視眈々とチャンスを狙い、ここぞという時が来たら攻めにいく。このタイミング、出し入れが大事なのです。野球でもインコーナーに投げたらアウトコーナーにピュッと投げる。ストレートばかりだと疲れるから、たまには変化球も投げてみる。それと同じことです。

他社の営業マンも含めて、みんなが苦手だという先生もいます。私はそういう先生を落とすのを面白がっていました。この先生の趣味は何だろう、何がこの人の弱点だろう、攻めるところがきっとあるはずだと考え続ける。どんな人にも絶対に何かあるはずです。そこを探すのが営業の醍醐味でもあります。また、そういう先生には競合相手がいませんから、私のペースで営業が進められるようになります。

接待は完璧でなければ意味がない

接待についても基本的なことに少し触れておきます。接待では、あらゆる手を使って、満足して帰ってもらわなければなりません。満足感七〇パーセントでは失敗です。最低でも九〇パーセント、できれば一〇〇パーセントを超えなければ接待の意味はありません。つまりパーフェクト以上ということです。そうでなければ、いくら大金を使ってもドブに捨てたのと同じです。そのためにはどんな先生にも合わせられるように、いろいろな店を知っていなければなりません。メジャーな店は当然のこと、普通の人は知らない隠れ家のような店も知っていることです。私は、汚いけど美味しい店、外国人が歌っているライブハウス、ジャズを聞かせる店……、美空ひばりのものまねが上手い人がいるものまねクラブも知っていました。先生方の接待は土曜日が多かったので、土曜日でも開けているクラブも調べていました。

そういう情報は、遊んでいると教えてくれる人がいるものです。特にクラブの女の子は、同伴で使ったりするのでよく知ってます。私は同伴はしませんでしたが、クラブの女の子に「どこか美味しい店はないの？」と聞いて、いつも新しくていい店を教えてもらいました。そして全ての店に必ず自分で一回は行っておく。行かないと接待で使えるかどうかわかりません。よほど親しくなった先生なら「ちょっと開拓してみましょうか」と一緒に行ってみることもありますが、基本的には下見は欠かせません。

酒の席の口約束でも絶対に守る

先生と奥様を一緒に接待することもありますが、その時は奥様を立てることを第一に考えます。接待をしていて女性がひねくれたら最悪です。逆に女性から「足立さんはいいね」「ねえ、お父さんいいじゃないの、あの会社」などと言ってもらえれば私の勝ちです。

奥様に和室と洋室のどちらがいいのかを聞くことから始まり、食事が終わったら必ず「奥さん、良かったらどこか二次会行かれませんか」と聞きます。「私達、帰ります」と言われることがわかっていても、聞かなければなりません。先生と奥様をすごく綺麗なオカマがいるショーに連れて行って、奥様に喜ばれたこともあります。

接待の時はいくら飲んでも酔ってはいけません。話の流れで「今度これこれを持っていきます」などと言ってしまうこともありましたが、どんなに飲んでいようと必ず実行しました。つい大きなことを言ってしまい「これは言っちゃったなー」と思った時は、ちゃんとメモをしておきました。私は飲んでもそういうポイントだけは不思議と覚えていました。相手もおそらく覚えていると思いますが、例え覚えていなくても、言ったことは絶対に実行しました。「酒の席で言ったことなのだから曖昧にしてしまおう、まあいいだろう」ということではいけません。

接待の最後は先生をタクシーに乗せ、車が見えなくなるまで見送ります。これはいまでも実行しています。

接待が上手な人は、間違いなく営業ができる人です。

接待の翌日は、「昨日はありがとうございました」とお礼に伺いますが、その時にも「何かを買ってほしい」などとは絶対に言ってはいけません。注文が欲しいから接待をしたのだということになると、営業マンが先生の足もとを見ていることになります。それでは先生の気持ちは冷めてしまいます。もちろん本音では注文が欲しいし、注文が欲しいから接待をしているわけです。だからこそ、それは言わないで、ただ世間話などの何気ない話をする。そうこうしているうちに、こちらが何を買って欲しいかが伝わるはずです。

私は接遇のやり方を誰かに教えてもらったことはありません。覚えたのはまずは屋台。屋台で飲んでいると愛想のいいおばちゃんがやさしくしてくれたり、人生の話を聞かせてくれたりと、いろいろと教えてくれたのです。それからキャバレーでも学びました。先輩や同僚とキャバレーに行くと、広いフロアーに女の子がいて煙草に火を付けてくれます。その時にマッチの点け方や歩き方、ビールの注ぎ方を教えてもらったのです。

営業マンは聞き上手であれ

営業の鉄則は相手の話を聞くことです。先生から聞き出さなければいけないのが営業ですから、どうやったら先生から話を聞けるかが常に先行します。先生の周囲からあの先生は何が好きかといった情報を集めたり、先生から以前に聞いたことの中から話を引き出していく。先生が話しやすいように、営業マンから面白い話をしなければいけません。それには話術が必要ですが、それがないうちは自分をピエロにして、失敗談や経験談、くだらない話をしてみるのがいいと思います。

ただし、先生のプライベートなことを聞いてはいけません。先生自身が話し始めるのは別ですが、こちらから聞き出すようなことをしてはいけません。また、こちらの自慢話は絶対にいけません。そんなことは誰も聞きたくないからです。接待の場合、女の子がいる店では仕事の話はせずに、女の子を上手に笑わせることです。ただ笑わせるのではなく先生を立てながら女の子も笑わせる、これができれば接待のプロだと思います。接待の時には仕事の話をしない、自分の自慢話をしない、相手を楽しませる、これが鉄則です。

親しいからこそ「礼儀」が大切

先生と馴れすぎてしまうと、つい言ってはいけないことを言ってしまうことがあります。したり顔で余計なアドバイスをしてしまったり、冗談めかしたつもりで先生が言われたくないことを言ってしまう。それまでうまくいっていた営業マンが、突っ込みすぎて余計なことを言ってしまったために失敗してしまう、という場面を何度か見てきました。「親しき仲にも礼儀あり」ですから、下がりどころを間違えないようにしないと思わぬ失敗をしでかします。

営業マンと営業相手は、どんなに親しくなっても友達にはなれません。親しくなった、うまくいっていると思っている時こそ自重しなければなりません。私は先生と話していて「今日はなんとなく自分が話している言葉の一つひとつがうまくいってないな、ちょっと駄目だな」と思う日は、一歩下がって応対していました。

どんな仕事でもそうだと思いますが、順調な時、もう大丈夫だという時こそちょっと冷静になって、自分がいまやっていることと自分の実力が合っているか、自分の実力以上のことをやっていないかと見直さなければなりません。そこを勘違いして突っ込んでいくと、おかしなことになります。勢いで押していくのではなく一歩下がって相手の特徴を生かすにはどうしたらいいかと、見極めていく。親しくなったからこそ、一歩下がりながらもう一度見つめ直さなければならないのです。

得意先の一番手にならないという選択

営業マンとして先生と良好な関係を保つためには、先生との距離をどう取っていくかを、常に頭に入れ、考えていなければいけません。

私はある時、親しくなって「なぁなぁ」でやり取りできるようになった先生に、たまたま何度か高い価格で納品せざるをえないことがありました。一営業マンではなんともしようがないことで、先生を裏切ったわけではありませんが、結果的に裏切り行為になってしまいました。親しくなりすぎると、そうした時のショックが思った以上に大きく響くものです。他社の誰よりも先生から信頼される一番の営業マンになると、注文を取るのは難しくありません。その一方で、一番のパートナーを維持していくには大変な労力が必要になります。場合によっては相手の家庭のことにまで、関わらなければならなくなるかもしれません。

例えば、先生だけでなく、家族の誕生日にまでケーキを持っていき始めると、何があっても持っていかなければなりません。家族の中に一月一日や一月二日生まれの人がいると困ります。正月にはほとんどのケーキ屋さんは休みですが、何日も前に作ってもらって持っていくわけにはいきません。ケーキ屋さんに余分のお金を払って作ってもらい、持っていくということまでしなければならなくなります。先生の周辺で何かあった時には、率先してやらなければならなくなります。そこまで入り込むともう後には引けません。少し距離を取ろうとしただけでも、相手からすると急に冷たくなったように感じます。「いままでやってきたことが、どうしてできないんだ」という不満になってしまいます。

そこまで深入りした方がいいのかどうかという判断は、非常に難しいものです。あえて一番手を避け、二番手くらいで抑えておくことも考えなければいけなくなる場合があるのです。

営業はゴールのないマラソン

営業はケースバイケースの問題が多いので、ノウハウを教えようとしても教えにくいものです。また、ちょっと教えたからといってすぐにできるようにはなりません。常に営業のことを考えていない人には、いくら教えたところでできるようにはなりません。私も誰かに教えてもらったわけではなく「この先生は何を喜ぶのか」としょっちゅう考え続けたからこそ、わかってきたことがたくさんあります。

営業は正面から攻めていくのが一番いいのですが、人間は楽な方へ楽な方へ行くもので、カーブを投げ始めるとカーブばかりを投げてしまいます。しかし少々の失敗は覚悟の上で嫌なところに突っ込んでいかないと、正攻法は身につきません。嫌なことほどあえて突っ込んでいく。結局どれだけ自分が苦労したかによって、営業の力に差がついてきます。それは辛いことですが、続けているうちに何かが開けてくるし、営業そのものが楽しくなってきます。営業はゴールのないマラソンのようなものです。

私が最初に入った会社の同期は五人でしたが、同期生にも後輩にも、営業成績で負けたことは一度もありません。逆に一〇年上、二〇年上の先輩を抜いて単独一位になったこともあります。そのために、ずいぶん努力もしましたが、性格も影響したと思います。性格が暗い人は営業には向きません。負けん気が強くカラッとしている人が営業には向いているのだと思います。

苦しい時、私はいつも「これ以上、下がることはない」と思います。「いまより最低はないのだから、後は上がるしかない」と思ってやれば、何でも楽しくなります。苦しい時ほど楽しくなります。営業で成功する人は、できることとできないことの見極めができる人です。他の営業マンとは違うことをしなければいけませんが、何でもやればいいという訳でもありません。継続性がなければいけないし、自分の実力や体力などを鑑みて選択しなければいけません。

そうしたギリギリの見極めは営業マンとして不可欠ですが、経営者になればさらに厳しい判断が求められます。経営者が基本的に持っていなければならない判断力や決断力を、私は営業によって鍛えられたと思っています。営業をしていない人は、独立しても取引先も店舗も増やせません。営業が上手くやれない人は経営者にはなれないと思います。

第二章

「正面」からの戦いが信頼をつくる

業界の慣習を破って有名に

私は営業で大失敗をした記憶は一度もありません。先輩から怒られたこともあまりなかったと思います。その代わり、他社の営業マンとは喧嘩ばかりしていました。

私の営業は、基本的には担当地域の医療機関をまわるルート営業です。しかし、それだけでは売上が上がらないので、取引のない病院に営業をかけることもありました。

しかし、例えば、製薬会社の特約店になっている医薬品卸が入っている病院には、慣習として他の医薬品卸は営業しませんし、特約店も自分の得意先に他の医薬品卸が営業してくるとは思っていません。ところが私はそこにも営業をかけ、一〇〇〇円の薬を九八〇円で納品したりしていました。当然、特約店の営業マンは激怒し、「D薬品の足立が値段を下げて持っていった」と製薬会社の営業に言いつけます。すると製薬会社の営業から「なんでうちの商品の値段を下げて売るんだ!」と激しいクレームが入ります。そうなることはわかっていても、私は営業をかけることがありました。

また、A社とB社という二つの製薬会社が同じ商品を同時に発売する場合、二社の間でこの病院はA社が担当し、こちらの病院はB社が担当すると、病院には知らせずに担当を決めていました。A社とB社が担当している病院がどこだかはわかっていますから、他の卸は営業をかけません。ところが私は薬局長に営業をかけて注文を取ってきました。A社からもB社からもものすごいクレームが来ます。「値段を下げて無理やり注文を取ったんじゃないか？」と言うのです。私は「値段は下げてませんよ。たまたま病院に行ったら注文をくれたのだからしょうがない」などと弁明しました。二社間で競合しないように、勝手に取り決めをしているだけです。病院が自主的に注文をくれたと言われれば相手は黙るしかありませんし、取った注文を覆せるはずもありません。それでも「いまからでも断りに行ってこい！」とクレームをつけてきます。

当時の医薬品卸の業界には「ドラフト」という慣習もありました。Aの医薬品卸はX社の薬を売り、Bの医薬品卸はY社の薬を売る。その代り次の新薬が出る時には、Cの医薬品卸がX社の薬を売り、Dの医薬品卸がY社の薬を売るというように、製薬会社同士で話し合って決めるのです。

卸としては何もしなくても注文が取れるわけですから、こんな効率のいいことはありません。現在では独占禁止法に触れますが、かつてはそんなことをやっていた時代もあったのです。この慣習を破って営業をかければ、相手が怒るのは当然です。私の会社も持ちつ持たれつで同じようなことをやっていますから、相手が怒るのはよくわかります。それでも私は、そんなことは無関係に営業をかけ、「相手が注文をくれたんだから断るわけにはいかない。どうしようもない」とうそぶきました。上司からも叱られますが「返品してこい」とまでは言いません。上司もわかった上で叱っていたのだと思います。

得意先と組める力があってこそ

私が業界の慣習を破ることになってもそんなことをやったのは、最終的には自分のノルマの方が大切だったからです。しかし、それだけでなく、たまには掟破りの刺激的なことをやるのも面白いだろうと思っていたからでもあります。やってはいけないとわかっていても、ちょっとみんなに刺激を与えてやろうと思ってやる。喧嘩を売るというよりも、挑発するのが楽しくてやっていました。ただし、それができたのは、私がふだんから薬局長と親しくしていたからです。得意先と組める力があるからできるのであって、力がないのにやればボロクソにやり返されます。そういうこともわかった上で、売上を上げるのが面白かったのです。

私と同じように他社の営業マンもやればよさそうなものですが、絶対にやりません。もしやれば私は相手以上に激しく抗議し、三倍以上にしてやり返したからです。こうして、私は徐々に担当地域の営業マンの間で、知らない人はいない存在になっていきました。そんなふうにして営業成績をあげた結果、就職して七〜八年、二五、二六歳の時に係長になりました。課長になったのは三〇歳くらいでした。若くして課長になったのでまわりからいろいろ言われましたが、「実力がない奴が何か言ってるな」と歯牙にもかけませんでした。

薬の流通と医薬品卸の営業

ここで薬の流通について簡単に説明しておきましょう。薬には病院で医師に診察を受けて処方される「医療用医薬品」と、薬局で買う「一般用医薬品(市販薬)」とがあり、代金の流れが違っています。病院などで処方される医療用医薬品は、ほとんどが医療保険の対象となっていますから、その価格は日本中どこでも同じ金額です。患者さんはその価格の一部を窓口で払い、残りの代金は医療保険から支払われます。一方の市販薬は店舗によって若干の値段の差があり、代金は全額その場で支払います。市販薬もかつては販売価格が決められていましたが、いまでは薬局によって自由に価格をつけられるようになっています。

薬は製薬会社から医薬品卸（問屋）を経由して病院や薬局などに流れていきます。ほとんどの医薬品卸は製薬会社とは別法人ですが、中にはメーカー直営の卸（特約店）もあります。直営といってもそのメーカーの薬だけを扱うのではなく、ほとんど全ての製薬会社の薬を扱っていますから、直営店の卸もそれ以外の卸も問屋としては変わりません。取引先は薬局と病院で、それぞれ別の営業が担当しています。また病院には公立病院や大学病院、総合病院などの大規模な病院と、小規模の病院やクリニックがあります。

大規模な病院では、薬の扱いについては院長をはじめとする薬審会議で検討することが多く、複数の卸――だいたいは四社か五社による入札をして安い卸から購入します。営業マンは、どの科でこれまでどういった薬がよく使われているかといった情報をこまめに集め、製薬会社の営業マンと連携して営業したりします。情報収集力の差が営業の差になっていくのです。一方、私が担当していた比較的小規模の病院やクリニックでは、それぞれの医師、多くの場合は院長先生の意向によってどの薬を使うかを決めることが圧倒的に多いため、営業先もまた医師、病院の院長先生（やその奥様）になるわけです。

院長の一言で決まる薬の切り替え

現在、病院の近くには、その病院の処方箋で調剤をした薬を売る調剤薬局がありま す。かつて病院の薬は、病院内の薬局で処方されていました（院内処方という）。しかし「薬は原価が一〇パーセントで利益が九〇パーセントだ」と言われたことがあるように、医療機関は治療ではなく薬の販売によって利益を得ていました。この状態を解消し、待ち時間の長かった調剤時間を短縮するために、患者さんの診察と薬剤の処方は医師が行い、医師の処方箋に基づいて、病院の外で薬剤師が調剤を行う（院外処方という）「医薬分業」が導入されました。こうして病院の周辺に調剤薬局ができたのです。しかし病院が調剤薬局を経営してしまっては、単に薬局が病院の外にあるだけですから、法律で病院は調剤薬局を経営できないようになっています。個人病院の場合は、近い親族の経営も禁止されています。とはいっても、調剤薬局は隣接する病院の医師が処方する薬を用意しなければなりません。院長先生が「足立さんのところに薬を変える」と決めれば、調剤薬局はその薬を置きます。だから営業マンは薬を取り扱っている調剤薬局ではなく、病院の医師のもとに通うわけです。

「ピカ新」の威力

病院で処方される薬は、一般の人が思っているよりも頻繁に変わっています。新しい薬が出れば切り替えますし、効果の高い薬が出れば処方も変わってきます。複数の製薬会社が同じ成分の薬を違う名前で出しているので、どこの医薬品卸から仕入れるかによっても薬は変わります。ある製薬会社のAという薬を使っていた医師が、同じ成分の他の製薬会社のBという薬を使うようになることもよくあります。ただし、従来からの薬で病状が安定している患者さんが、新しい薬に替えた途端に調子が変わることもありますから、一気に新薬に替えるのではなく、新規の患者さんが来た時に切り替えていくことになります。

また、非常に効果の高い薬が出れば、全ての医師が一斉にその新薬に切り替えることもあります。売れれば売れるほど原価率は下がるため、製薬会社の利益は膨大になります。実際、発売当初は三〇〇円だった原価が、一〇円くらいになった薬もありました。

製薬業界が面白いのは、ときどき画期的な薬が出てくることです。例えば、メバロチンという高脂血症の薬が中性脂肪を大幅に下げる効果があるとわかると、瞬く間にそれまでの薬と切り替わっていきました。それほど効き目に違いがあったのです。

この薬をつくったのは三共製薬でしたから、三共の薬を扱っている卸は自然に売上が上がっていきますが、扱っていない卸はどんどんシェアを下げ、あっという間に売上の差が大きくなっていきました。こうした薬のことを私達は「ピカ新」と呼んでいました。発想から効き目までピカッと輝くほど画期的な薬だからです。

製薬会社にとって、それまでにない画期的な新薬——治らないとされた病気を治せる薬、患者さんの症状を大幅に改善する薬の開発は大きな夢です。ピカ新のような大きな影響力を持つ薬は、多くの患者を病気から救い、時には命を助けることができます。その社会的貢献は計り知れません。同時に、売上の面で、製薬会社にとっても卸にとっても大きなメリットがあるのです。

ただし、新薬の導入に関しては、病院によってさまざまなルールが設けられています。例えば、副作用などを考慮して、発売から一年経つまで新薬は使わないという病院もありますし、病院としては使用しないが、どうしても使いたい場合は担当医が院長に許可をもらえばいいという病院もあります。大きな病院では、院長を始めとする薬審会議で検討し、入札することが多いことはすでに書いたとおりです。

比較的小さな病院の場合、複数の医薬品卸が入っていて、どこも同じ製薬会社の新薬を同じ価格で扱っていれば、医師からすればどの卸から仕入れても同じことですから、先生から可愛がられたり信頼されることが非常に大切になります。それができる営業マンが実力のある営業マンになるわけです。

地域最強の競合相手の牙城を崩す

私は自分の営業担当エリアが変わると、数カ月間はどこの営業マンがこの地域で一番の売上を持っているか、顔がきくのかを観察することにしていました。どの卸にも「地域の中で一番のシェアを持っているのはこの人だな」とか、「こいつは結構得意先を握っている」といったボス的な営業マンがいます。こういう人は当然、医師や院長先生との話し合いも上手くやっています。その人が特定できたら「あの営業マンに一度どこかで穴を空けてやらなきゃいけない」と向かっていきました。その人の弱点を探して、まず注文を一個か二個奪いとるのです。ナンバーワンの営業マンは、たいがいふんぞり返って「注文は自分の所に来るのが当たり前だ」と思っています。そこが弱点になるのです。

注文を奪うと目の色を変えて怒って「なんで俺の得意先を取るのだ」と言ってきます。私は内心（これで勝てるな）と思います。文句を言ってきた時点でその人の営業に穴があいていますから、その穴を大きくしていけば私のペースになるとわかっていたからです。私は常に強者に向かっていきました。強者の弱点をつついて注文を増やし、そのライバルに「足立には勝てない」というイメージを植え付けていく。弱者を相手にしてもシェアは上がりません。強者から奪い取ることでイメージも上がっていくし、自信もついてくる。ナンバーワンの牙城を崩すことで、その地区の他社の競合相手に私の力を認めさせ、「今度来た足立という奴は手強いぞ」とアピールする。手強いと思わせれば向かってこなくなりますから、その後は営業がやり易くなります。弱い犬は強い犬のところに行かないものです。

さらに先生にも、「あいつは面白い奴だ」という印象を植え付けてしまうわけです。ただし、相手の牙城を崩す時は、正々堂々と真正面から奪わなければなりません。値段を安くして奪ったのでは見苦しいし、それでは一目置かれません。医師とコミュニケーションを計っていく中で、「頑張っているからこの帳合（注文）だけは足立君に渡すよ」という状況をつくり、競合相手が扱っている商品の中から一、二品を当社に替えてもらう。先生が自主的に発注をくれるように持っていくわけです。

その時の戦略には、さまざまな方法があります。第一章で書いたような手土産を持って行ったり、いろいろなサービスや情報を提供することもあります。病院の垣根を刈るといったこともやります。ともかく競合相手にはできないことをやり続けて、アピールしていくのです。いくら強い営業マンでも「これだけは真似できない」ということを見つけ、いかに実行していくか、それが大切です。

先生に注文をお願いするタイミング

営業マンなら誰でもそうでしょうが、取引先で自分の前に違う会社の営業マンがいたり、後から来ると気になります。その営業マンと担当者とのちょっとしたやりとりを見ているだけでも、どのくらい密接なのかはわかります。だからといって、そこに付け入るような態度で営業しようとしてもうまくいきません。

私はまず医師とのコミュニケーションをしっかり取り、医師の希望通りになるように行動します。いろいろなことをやっていれば、いずれは買ってくれる時がきますから、そうなるように付加価値を付けていく。極端に言えば、「庭にずいぶん草が生えてますね。草刈りをしましょうか」というようなことを重ねていくわけです。だからといってその翌日、「先生、何か買ってください」と言えば先生の足もとを見たことになります。

相手は「結局、薬を買って欲しいだけか」と思いますから逆効果です。肝心なことは何も言わずに、やることだけはきちんと、どんどんやっていく。やがて先生の方から「ようやってくれたな。何か入れて欲しい薬ある?」と言われたら、もうこっちのものです。「先生。できればこの薬をお願いします」とお願いします。地域最強の営業マンの牙城が崩れた瞬間です。

ライバルを潰す最大のチャンス

製薬会社はどこの病院のどの薬であっても、仕入先の医薬品卸が変更されるとすぐにわかります。注文伝票を見れば、それまで強い営業マンのいるA社から入っていた注文がB社から入っていることがひと目でわかるため、製薬会社の担当者はA社の営業マンのところに行き、「あの病院の注文、今度、新参の営業マンのところに行っちゃったよ」などと教えます。A社の営業マンが驚いて医師のところに行き、「先生、なんでB社に変えたんですか」「どうしてあんなところに注文を出したんですか」などと口走ってしまうことがあります。

ところが医師からすれば、「そんなことはお前に関係ないだろう」ということになります。営業マンがそのことに執着すればするほど、医師の心は離れていきます。医師にとってその訴えは、結局のところA社の営業マンの愚痴に過ぎないからです。信頼関係ができていたと思っている営業マンが焦れば焦るほど自滅していきます。そういうケースを私は何度も見てきました。

私が営業をやりながらいつも思っているのは、「調子に乗ったら失敗する」ということです。第一章でも書きましたが、うっかり漏らした一言で医師が気分を害してしまうことがあります。特にうまく行っているとつい余計なことを言ってしまう。それがきっかけで、どつぼにはまってしまうことさえあります。営業的に突っ込んでいる時こそ、あえてちょっと下がった態度でいなければなりません。私は部下にもそう指導していました。

逆に言えば、私が競合相手から一つか二つの注文を奪ったことが相手に伝わった時が、私のチャンスです。「ちょっと敗けたな」という思いが態度に出てくる。私を見ると「嫌な奴が来やがったな」という顔をする。その時こそ相手を潰すチャンスなのです。

待ち合わせ場所には必ず三〇分前に着く

私の会社の始業時間は八時四五分でしたが、営業をバリバリやっていた当時、私は八時には必ず会社に着いていていました。早く行って、朝礼やミーティングの前に内勤処理の仕事を済ませてから営業に出かける。会社に戻ってくるのは夕方の六時過ぎから七時くらいというのが、毎日の過ごし方でした。ただし、接待はたいてい夕方六時からなので、その日はもっと早く会社に戻り、会社のことを終えます。そして先生との待ち合わせ時間の三〇分前には、必ず待ち合わせ場所に着くようにしました。

何があっても遅れないように一時間の余裕を持たせて動き、三〇分前には待ち合わせ場所に着く。そうすれば万が一遅れても、ぎりぎりで間に合うという計算をしていました。うまくいき過ぎて一時間前に着いたら喫茶店などで時間を潰します。早く来る先生もいるかも知れません。どんな場合でも相手を待たせないようにするためです。

待っている間は「予約してある店に着いたらスタートは何にしようかな。今日はどういうコースでいこうかな」「どういう話をしようかな」「どういうふうな流れになるかな」といったことを考えます。「何かちょっとしたことでも御礼を言うことはないかな」「中日のファンだから野球の話をしようかな」などと、頭の中でシミュレーションのようなことをしていたわけです。

ホテルのロビーで待ち合わせるなら、ロビーをぶらぶら歩きながら誰が見ても「あの人は誰かを待っているな」とわかるくらいの感じで待ちます。しかし先生が来て、「足立さん、待たせたね」と言われたら、「先ほど来たところです」と答えていました。

ちなみにアポを取って病院に営業に行く時も、私は先生が指定した時間の三〇分前には着き、待合室の隅のあまり邪魔にならないところに座って待つことにしていました。診察が延びて待ち合わせ時間が三〇分、一時間と遅れることもよくありますが、待つことも仕事だと思っていました。

三〇分の予習でチャンスを活かす

病院のイベントなどで夕方六時から宴会をやりますよといった時にも、必ず三〇分前には行きました。遅く行くと空いている上座に座らざるを得ません。上座に座っていると、「あいつは遅く来たな」と見る人が必ずいます。そうならないように早めに行き、下座の場所取りをするわけです。私は絶対に上座には座りません。医師から「足立君、こっちに来い」と言われれば行きますが、そうした声がかかるまでは必ず下座に座ります。些細なことですが、こういうことも大事なことです。

接待が料亭の場合、店によっては上座がわかりにくいことがあるので、早めに行って店の人に聞きます。ついでに「今日は何の料理が出るの？」などと聞きます。先生が来たら「先生、さっき聞いたけど今日は鮎の美味しいのが出るみたいですよ」「今日は松茸がメインで出てきますよ」といったことから話を繋いでいく。これが先生と親しくなるきっかけになるのです。チャンスはたくさんありますが、用意をしなければ逃してしまいます。三〇分の余裕があればそうした心の準備もできます。営業は小さな努力の積み重ねが大切なのです。

ここまでやっている私でも、先生との待ち合わせで一度だけ遅刻をしたことがあります。一時間前にタクシーに乗って三〇分前に着けるように向かったのですが、急に雨が降って渋滞してしまいました。運転手に待ち合わせの店を知ってるかと聞くと、「よく知ってます」と言うので任せたら、違う店に行ってしまいました。ようやく到着して店に入ったら、もう先生が着いていました。すぐに謝ると「珍しいなあ」と許してくれました。そんなことが一回だけありましたが、後は風邪を引こうが、熱があろうが遅刻したことはありません。

また、名古屋で接待がある日は、その夜は名古屋のホテルに泊まることにしていました。夜中の二時、三時まで飲んでも会社に朝一番に行くためです。若い社員に、接待で飲んだら遅刻してもいいということにならないように、飲んだ時ほど早く出社していたのです。ある日の接待では、スナックを出たら外が明るくなっていたことがありました。時計を見ると朝五時でした。ホテルに行ってシャワーを浴び、一～二時間ほど寝て会社に行ったこともあります。

ライバル社との合併

私が高校を卒業してD薬品に就職した昭和四一年（一九六六年）当時、社員は五〇人ほどだったと書きましたが、D薬品はその後少しずつ成長し、社員も年々増えていきました。しかし八〇人ほどの規模になったころ、医薬品卸の大々的な再編成が進み、昭和六一年（一九八六年）にライバル大手だったC社に吸収合併されることになりました。それまで医薬品卸は、小さい所も含めると愛知県だけでも三〇社くらいはあったと思います。それが物流の整備によってどんどん整理統合され、現在では四つくらいになっています。

当時の医薬品卸の合併は、製薬会社の仲介で進められていました。複数の医薬品卸を一つにし、物流を組織して効率化を図るために、製薬会社が「あの卸と合併しなさい」とリードしたのです。製薬流通全体が合理化に向かっている時期でした。

合併したC社はD薬品の一〇倍以上の八〇〇人ほどの社員を抱えていました。私のいたD薬品と取引のあった製薬会社は五、六社、多いときでも一〇社ほどでしたが、C社が取引していた製薬会社は三〇〜四〇社もありました。私がいくら頑張って営業をしても、取引のない会社の薬は売れませんから、売上も自ずと限界がありました。手持ちのカードが少ないために、営業の駆け引きも不利になることがよくありました。加えて接待費にも大きな差がありました。

「ピカ新」のところでも書きましたが、例えば、良い新薬が出ると、その薬を扱っている医薬品卸の売上は一気に跳ね上がりますが、逆にその新薬が扱えない卸の売上は下がります。製薬会社も複数の小さな卸に流すよりも、力がある大きな卸に流した方が効率がいいので、小さな卸の営業がいくら頑張っても大手には勝てません。

私はD薬品でずいぶん頑張りましたが、他社と比べるとシェアは低いままでした。売るものが限られていますから、各病院から見るとシェアは二番目、三番目にとどまります。別の薬に切り換えたいと思っても、その薬を作っていた製薬会社と取引がないため切り換えられないからです。価格競争でも取引製薬会社が多い大手の卸は、別な製薬会社の同じような効用のある安い薬に切り替えて営業できますが、私の会社ではそれもできません。

大手の営業ならなんなくできることができないわけですから、イライラすることがずいぶんありました。最終的には、大手の営業マンから私の会社が卸しているシェアを奪われないように、守るばかりになっていきます。そういうことが何度もありました。

合併でさらに大きく飛躍

私が業界の慣習を無視しても営業をかけたのには、大手の卸には負けたくないという気持ちがあったからです。

小さな卸の苦渋を味わってきた私は、C社との合併で営業の幅が広がり、実力が発揮できると歓迎しました。相手は大手ですから対等合併がありえないことはわかっていました。同僚の中には快く思っていない人もいたようですが、私は営業費もどんどん使えるようになるしなんとかなる、面白いじゃないかと思いました。それまでの制限から解き放たれ存分に力をふるえることが、なにより嬉しかったのです。

実際、合併後の営業は楽になりました。あらゆる点で営業の幅が拡がり、営業マンの力次第でいくらでも売ることができます。私はどの得意先でもトップシェアを取っていきました。営業費は使えるし、やればやるほど結果が出て、数字がどんどん上がっていく。戦いは楽しく給料は上がるしボーナスも上がる。毎日が楽しくないわけがありません。その一方で、実力がない元同僚は周囲からつつかれて倒れていきました。C社のやり方に乗り遅れた人も追い込まれていきました。

合併先で〝いじめ〟に

C社との合併後、一番つらかったのは、いじめにあったことです。私が新たに着任した営業所には五〇人ほどの社員と五、六人の課長がいて、その上に所長がいました。この営業所にD薬品から移ってきたのは、私を入れて二人だけでした。D薬品の課長だった私は新しい会社では課長代理になりましたが、私以外は以前からのC社の社員です。それまで喧嘩ばかりしていた私が突然上司になったわけですから、部下からすれば面白いわけがありません。着任したばかりの私は、C社のシステムがわからないため必要なデータを誤って消してしまったり、所長に提出しなければならない書類が遅れるということがありました。所長から、「足立君は営業成績はいいが、ほかは何をやってもあかんな。内勤はドベ（最下位）だな」と言われる始末です。

そんなことないはずだと調べてみると、その書類を途中で止めている部下や、私以外の課長の書類だけを集めてから一気に所長にあげている部下がいることがわかりました。所長からすれば、「あれ、まだ足立君だけ出しとらんな」となるわけです。いずれも中堅の社員でしたが、実に陰湿なやり方です。

私が赴任した当初、所内の誰もが他社から来た私のことを気にしていました。私が何かを言うと、みんな聞き耳を立てていました。他の課長を含めみんなに「足立にだけは負けたくない」という気持ちがあったと思います。全員が敵愾心《てきがいしん》を持っていたはずです。その一方で課長レベルの社員は、「足立には勝てない」とも感じていたと思います。

どんな性格であっても、課長レベルの人はある程度の実力は持っています。それぞれ癖があり、決して自分の手の内は明かしません。互いにそうですからそれは構いません。しかし実力がある者同士だからこそ、話しているうちに、「こいつには勝てない」とわかるのです。

私の場合、一、二分話をすればその人の人間性、営業マンとしての実力も課長としての実力もわかります。言葉遣いや動き方を見ていれば、営業に向いているかどうかといったことさえ即座にわかります。だから赴任してすぐに、営業所の中に自分より営業力がある奴はいない、実力としては他の課長より私の方が数段上だとわかりました。同じように他の課長達は、私には勝てないとわかったはずです。

陰湿ないじめをしていた部下がそこまでわかっていたとは思いませんが、私に実力があると感じたからこそ、足を引っ張ることしかできなかったとも言えます。いずれにしても私は「最後は実力だ」と思っていましたから、いじめが判明したことで「絶対に負けない」と決めました。女房に「これから男の戦いをやっとるで、いつ帰ってくるかわからんからな」と宣言して、徹底的に戦うことにしました。私の戦いは、「勝負の相手はこいつらじゃない」と決意することでした。やればやるだけ売上が上がっていくことがわかっていましたから、同僚に勝とうなどと小さなことは考えず、どんどん上に行こうと考えたのです。

結局、私をいじめていた部下は転勤していきました。毛並の違う課長代理の私に若い部下が付いてくるようになったために、いられなくなったのです。

部下の能力を最大に発揮させるために

私はD薬品で課長になって以来、部下には「後のことは私が面倒見るから、好きなことをやれ」「責任は私が持つ」「文句はやってから言え」と言ってきました。どこの世界でもそうですが、自分でやりもしないで「ああでもないこうでもない」と言う人が必ずいます。そういう人に、「私が責任者だ」「あなたに責任を取れることなんて一つもない。何か大きな問題が起きたら、責任は責任者の私が取る、だから文句を言う前にやれ」と言ったのです。後に支所の所長になった時も「責任は最高責任者である私が取る」と言っていました。部下はこれまでにはいないタイプの上司だと思ってくれたようです。

課長は自分の課をまとめ、最高の力を発揮させなければなりません。私はそのことにもずいぶん力を注ぎました。会社の営業課を野球チームに例えると、一番バッターから、二番、三番、四番、五番バッターまでは、どこの課でもきちんとやります。特に三番、四番、五番はいつでもそれなりの数字を出してきます。だからといって各課の四番、五番だけ集めればベストチームが作れるかというと、そうはなりません。おそらくきめ細かなことができない組織になってしまうはずです。極端な話ですが、四番のホームランバッターにバントばかりさせたら、「なめやがって」と思って怒ります。バントが必要だからと代打を出したら、ひねくれてしまいます。逆に言えばバントをしてもいいという人がいるから、組織としてうまくいくわけです。

高級クラブは美人ばかりを集めているわけではありません。美人はいますが、少々見劣りがするような人もいます。痩せもいれば、ぽっちゃりもいます。そうでないとお客は面白くない。男は「自分にはこのくらいの人がいいだろう」と、ある程度の自己判断をして店に来ています。美人しかいないと、「こんな綺麗な人には、絶対に相手にしてもらえない」と思うから行かなくなります。組織も同じように、いろいろな人がいなければうまくいきません。

そこで問題は、七番、八番、九番といった下位打線レベルの社員をどれだけレベルアップできるかです。それによって組織が強くなるかどうかが決まります。全体の売上も変わってきます。下位打線のレベルを上げるには、まず彼らが持っている特徴を活かすことです。「このあたりは活かせそうだ」「これを全面的に出せば小さい自信を持つ」というところを引き出すわけです。誰でも何かしら特徴があります。テニスが上手いとか、ちょっとオカマっぽいとか、なんでも構いません。テニスがすごく上手い社員には、「今度先生とテニスをやるから参加してみたらどうだ」と連れて行く。そこで先生に一目置かれれば自信になります。そんなふうに活かしてあげるわけです。

営業コンテストで自信をつけさせる

七番、八番、九番の社員が自信が持てるように、製薬会社の営業コンテストでベスト五に入れるように、場合によってはベストワンになるように援助したりもしていました。

各製薬会社は新製品が出ると、一定の期間内にその薬品に何件の売上があったというコンテストを催します。八万円や一〇万円といった高い薬は、実力のある三番、四番、五番の営業マンにしか売れませんが、比較的売りやすい薬のコンテストであれば、私も含めて全員で七番、八番、九番の社員をフォローするのです。

もちろん課全体のノルマや売上を計算した上で、「これなら七番、八番、九番でも行けるだろう」という薬を対象に、狙い所を教えたり営業のやり方を教えていきます。極端な場合、誰かが一緒に行って注文を取ってあげることもあります。

「先生、今回は無理を言って申し訳ありませんが、買ってもらえないでしょうか」と頼み込み、一〇〇錠で七〇〇〇円とか、一つ一〇〇〇円くらいの薬を買ってもらう。売上トップには割戻しがあり、多少の値引きをしても後から取り返せるので、無理をしてでも一位を取らせる。そうやってでも一位が取れると本人は自信を持ちますし、私が部長に、「彼もがんばっていますよ」と言いますから、会社からの評価もよくなっていきます。上司に「課長が手を入れたな」と見抜かれても、それはそれで構いません。要するに七番、八番、九番くらいの人に、小さな競い合いでもいいので成功体験させてあげるわけです。すると課全体の雰囲気がよくなっていきます。

上司の責任と役割

社内には課別対抗のコンテストがありますが、この時も課の状態を見ながら、「絶対これだけは取りにいくぞ」とか「今回のコンテストは何が何でもトップを取ろう」と、目標をはっきりさせて部下を奮い立たせました。

社内のコンテストですから、他の課との間で数字の読み合いが始まります。初めにいきなりトップになり、他の課の数字が上がってこないと安心していると、期日直前になって隠しておいた数字を一気に出されたりします。特に他の課の三番、四番で癖のある営業マンは期限ぎりぎりまで隠していることがあるので、こちらも三つ四つは隠しておかなければなりません。「後から絶対に来るはずだ」と六番くらいの営業マンにハッパをかけ、隠し玉を三件くらい持たせる。そうやって、時には同じ課の中でも競争させて目標を達成させました。そんなことをやりながら、私の課はだいたい上位の成績を取っていました。途中で今回はトップになれそうにないとわかっても、二位か三位にはなっていました。

課長は課のまとめ役ですから、課の連中がいかに楽しくやってくれるかをいつも考えます。部下が楽しくやっているのを見れば、私は嬉しくなります。それが役職付きの、部下よりも給料をもらっている者の責任だと思います。

もっとも、課長としては別の悩みもあります。どこの医薬品卸であっても、できる営業マンは担当エリアで知られていて、その人の情報が常に入ってきます。また、どこの医薬品卸の誰の成績が良いかも、製薬会社からの数字でわかります。手ごわいライバル会社の営業がいるエリアは、こちらも四番手を投入して真っ向勝負をさせるか、どうせ勝てないからと七番や八番でいこうと考えるか、なかなか難しいところです。

また新人と話していると、こいつは伸びそうだというのがだいたいわかります。人の意見をよく聞くし、話の内容への食いつき方が違うわけです。「それはどうやるんですか？」「こういう場合はどうすればいいのですか？」というように積極的な聞き方をします。私が話す営業のいろいろなアイデアを聞いて、「そうか、それもあるのか」と言っているだけでは駄目ですが、「わかりました、俺もやってみます」という人はできます。「我」をあまり出さないで探究心がある新人は、ほぼ間違いなく伸びるのです。四番、五番バッターになりそうな新人と、それ以外の新人では育て方が違ってきます。上司として、そうした判断をしなければならないのは悩みでした。

仕事の優先順位をはっきりさせる

売上を上げられる社員は要領がいいものです。事務業務もサッとやってしまいます。仕事の優先順位の違いがわかっているからです。例えば、「書類を今日中に出しなさい」と指示されたら、その書類を出すために、営業ルートをどう回れば早く帰って来られるかをすぐに考えられます。絶対に今日中に回らなければならないところにだけ行き、後は書類づくりをするといった時間の使い方ができるのです。仕事は、毎日、優先順位を決めなければいけません。接待がある日なら、朝の時点で今日の優先順位は何と何だと決めておく。イレギュラーの用件が入った場合でも、「今日は先約があるので」と言えば誰も怒りません。クレームがあったら誰かに行かせてでも、初めに決めた予定を最優先する。原則として、先に約束してあることが優先順位の一番です。

新しい用事が入ったからと、「前から約束していたけれど、これは断ってこちらを先に」と予定を変えてしまうと、どこかで必ず大きなミスをします。また、「予定外だが、連絡があったからあちらにもちょっと顔を出しに行こうか」とやってしまうとスケジュールが遅れますし、そうやって顔を出してまとまった話ができるかというと、そんなことはまずありません。

「ちょっとだけでも」と言われて出向いたら、捉まって抜けられなくなることもあります。捉まったら時間が読めなくなります。読めないようなところには、最初から顔を出さないほうがいい。次の日にまわせば済むからです。今日一日ここを中心にしようと決めたら、曲げてはいけません。先方がどうしても急ぐというのであれば、その日の予定外の時間で組み直すしかありません。夜が空いているなら夜に入れる。その代わり、その時間には何があろうとも行かなければいけません。

毎朝その日の目標を決める

さらに、仕事をきちんとやるには、毎朝「今日はこれをやる」という自分の目標を立てなければいけません。「久しくあの先生に会っていないから今日は会っておこう」「今日は五軒の営業先で全て先生と話をしてくるぞ」「ちょっと大口の注文を取りに行こう」といったことです。目標を持って営業に行かないと、ただ惰性で回るだけになってしまいますし、モチベーションも上がりません。モチベーションの上がらない人に限って、さっと回ったらすぐに喫茶店に入って、サボっているようなことが多いものです。だから、できない部下には、時には上司がそうした目標を与えることも必要です。

ただし、私は、サボってはいけないとは思いません。集中する時は徹底してやらないといけないけれど、息抜きの時間も必要です。メリハリがしっかりしていればいいのです。風船でもパンパンに空気を入れたら破裂します。力の抜き方はその人によって違うでしょうから、私は部下に「たまにはサボりなさいよ」と言っていました。「ただし一人でサボれよ」と。

一人で喫茶店に二時間も三時間もいられませんが、二人、三人でサボると何時間でもしゃべり続けてしまいます。しかも、そのおしゃべりは傷の舐め合いをするだけの堂々巡りで、決してプラスにならないからです。

遅刻をする社員

よく遅刻をする人がいますが、そういう人はあれもこれもやるからギリギリになってしまうのです。人間はいくつものことは同時にできません。優先順位を決め、今日はこれが優先だからここまでの時間はこれに使う、と決めなければ絶対に遅刻は治りません。営業は信用を作っていくことです。信用を裏切らないためには時間厳守が必須です。その積み重ねが信用になります。「今日くらいは構わないだろう」と失敗している人がたくさんいます。

信用とは、ペラペラの薄い紙が積み重なって山になったようなものです。ちょっとした風で瞬時に失われるものです。金で買えるものでもないし、一〇年間築いてきた信頼が一瞬でなくなることもあります。無くなれば一〇年間何をやってきたんだろうということになります。だから強い信頼ができたと思っている間こそ、慎重にならなければいけません。前にも触れましたが、実際にずっと続いていたはずの医師との信頼関係が瞬時に崩れることもあります。私自身に経験はありませんが、そのシーンはずいぶん見てきました。

仕事をやっているふりをしている社員

私が見ていて駄目な社員は、自分で仕事をやっているつもりになっている人。例えば、夜遅くまで残業をやっているのですが、実はその内容はどうでもいいことだったりします。朝三〇分早く出社して集中すれば簡単にできることを、だらだらと夜遅くまでやっている。要領が悪いのかやたらに時間がかかる。時間がかかっているから仕事をやっているような気になっている。こうした「仕事をやっている人」は実に始末が悪い。こうした社員は年齢にかかわりなくいます。

私はいくらやってもできそうにない部下には、無理を言いません。駄目な人はどこに行っても使いものになりません。使えないから、「次はここをやれ」とぐるぐる回される。回されてきてもその人に期待はできないし、育てるのも難しい。二〇代後半くらいまでならまだなんとかなるかもしれませんが、三〇歳を過ぎてから考え方を切り替えて上に行くような人はまずいません。二〇代なら絶対変われるとは言えませんが、変わる可能性はあります。

逆に言えば三〇歳までには、伸びていくかどうかということはだいたいわかります。その時点で駄目だとわかっている人を会社は四〇代、五〇代まで雇用したくない。本心では辞めてもらいたいのですが、そういう人は自分に実力がないことを知っているから絶対に辞めません。

悩んでいる時は問題を箇条書きに

部下から時々、「悩んでいるんです」と相談されることもありました。そういう時に私は「悩みがあるなら、それを箇条書きにしてみたら」とアドバイスします。箇条書きしてみると何が問題かはっきりします。私自身、何かあったらすぐに箇条書きにしています。だからみんなに書けと言ったのです。

私はある時「会社が面白くない」と書いたことがあります。その次に、「なぜ面白くないのか？」を書いてみると、「上司が悪い」とまでは書けましたが、それから後が続きませんでした。

実際に箇条書きにしてみると、「何か面白くない」と思っていても、何が面白くないのかということは案外書けないものです。いろいろ考えても一つか二つしか出てこないことは多いものです。

「この商品が売れない」と書いても、「売れない理由は何か？」と書いていくと、価格の問題、得意先の問題、製薬会社の問題、上司が悪いというくらいまでは出てきますが、それ以上はなかなか書けません。箇条書きにすることで問題を明確にし、改善しようとするわけですが、実際には自分が悩んでいる状態を書くことで、問題を整理するということに意味があるように思います。

営業マンの変化、医師の変化

現在では医師と食事をしたり、お酒を飲んだり、庭の草刈りをしたり、引っ越しの手伝いをするといった業務提供はできなくなりました。日本医薬品卸業連合会が細かいルールを決め、例えば五〇〇〇円以上の飲み食いをしてはならないという「五〇〇〇円ルール」が確立しています。わからないだろうと思っても通報する人がいますし、発覚すればペナルティーが科せられます。その結果、夜の酒のおつき合いや土日に接待に出るといったことはなくなり、せいぜい昼のお弁当を提供するくらいになりました。昔のように、商品の良し悪しに係わらず営業マンの腕で売るという差別化はできなくなりました。

先生方もある意味でドライになり、良い商品なら使うが悪い商品は使わないとはっきりしています。仮にお土産を持っていったり接待をしたとしても、「それはそれ、これはこれ」と割り切っています。現代の営業マンはそんなことよりも、より的確な知識や情報をきちんと提供できるか否かが重要になっています。逆に言えば、現代の営業マンは製薬会社から出てくる資料をきちんと読み込み、医師から何を聞かれてもすぐ答えられなければなりません。だからといってそれだけでいいわけはなく、やはり営業マンには暗い性格の人は向きません。また、製薬会社のＭＲ（医薬情報担当者）には女性が増えてきていることは間違いありません。医師はまだまだ男性が多いので、女性だと最初の対応が違うということがあるのかもしれません。

営業のための時間を惜しむな

変わったのは医師と営業だけではありません。製薬会社も良い新薬を次々に出せなければ難しい時代になってきています。特に最近は新薬に比べて利幅の薄いジェネリック医薬品への転換が進んでいます。ジェネリック医薬品とは、これまで有効性や安全性が実証されてきた新薬と同じ有効成分、同じ効き目があると認められた薬のことです。特許が切れたあとに販売されるため、新薬に比べて少ない費用で開発することができ、安価なのが特徴です。国は膨らみ続けている医療関係費を抑えるために、ジェネリック医薬品の使用を推進しています。財政が厳しい保険組合なども、積極的にジェネリックへの切り替えを進めています。

ところが、一〇〇円の新薬がジェネリックでは七〇円になりますから、ジェネリックに替えれば替えるほど売上は下がっていきます。製薬会社も医薬品卸も売りたくはありませんが、国の政策上やらざるを得ません。さらに全体として薬の数を減らそうという流れもあります。いままで一〇種類の薬を飲んでいた人が八種類、七種類になっていきます。これも売上が下がる要因です。どんどん良い薬を出してくれる製薬会社の営業はしやすく、従来の薬しかない製薬会社なら守りに徹するしかありません。

こうした変化によって、具体的な営業の方法も変わってきていますが、私のノウハウが依然として有効なところもあります。まずは先生から言われたことを素直に行うこと。先生の意向を的確に掴み、こういうことをやってほしいと言われたらスッと答えが出るようにしておくこと。もちろん営業マンにもわからない薬の情報はたくさんありますから、その時には「何日までに返事をさせてもらいます」「何日以内にお答えしますので、それまで時間をいただけますか」というように、当り前のことを当り前にきちんやっていくこと。そして時間を惜しまないことです。

こうしたことを続けていると、自然に信頼されるようになっていきます。そして先生の方から「足立君、こういう問題があるけどどうしたらいい?」と聞かれる相談相手になっていきます。そうすれば営業も自然にうまくいくようになっていくはずです。その点はいまでも変わりません。

いまやっていることは一〇年後に結果が出てくる

営業で難しいのは、年齢が上がるにしたがって話の内容や態度を変えていかなければならないことです。若い時は医師の方が年上ですから、上からの目線でいろいろ言われたり指導されたことに素直に従っていればいいので楽です。多少のミスをしても、一生懸命にやってさえすれば、「まあ、若いからしょうがない」くらいで許されます。その意味では、一生懸命にやっていれば契約が取れる時期です。

ところがだんだん年をとってくると、先生の言うことを「ハイ、ハイ」と聞き「わかりました」と言っているだけでは済みません。「なんだ、お前の知識や力はこの程度か」と思われてはいけないので、時には世の中の仕組みなども含めていろいろ話をしなければなりません。さらに、医師と同じくらいの年齢か少し上くらいの年齢——四〇代半ばから後半くらいが、一番辛い時期になります。仕事とあまり関係ない話ばかりしてもいけないし、先生に質問されたのに答えられないというのでは困ります。医師からどんどん質問がくるようになるから、その全てに対してきちっと答えられなくてはなりません。そうでないと、「いい年をして何も知らない」と言われてしまいます。かといって威張っていてもいけませんし、あまり品がなくてもいけません。その辺のバランスが非常に難しくなります。「明日にでも連絡させてもらいます」とか「ちょっと時間をください」と、きちんと対応しければいけません。

その時期を過ぎて営業マンの方が医師よりも明らか年上になると、ちょっと居直ってできるようになります。私がいま実感しているのは、二〇代でやったことは三〇代で答えが出るし、三〇代でやったことは四〇代で答えが出る。四〇代でしっかりやれば五〇代で必ず答えが出るということです。それぞれの時代に手を抜かず、どれだけ真剣に仕事をやってきたか、その結果は必ず出てきます。だから「その年代でできる仕事をしっかりやれ、絶対に答えは出るからがんばれ」とみんなに言いたいと思います。

第三章

「営業」で学んだ経営者の基本

赤字の営業所の所長に赴任

私が最初に就職したD薬品がC社と合併してから六年目、平成四年（一九九二年）にC社は、岐阜県にあったT社という医薬品卸を吸収合併しました。そして私は、C社に再編成された旧T社の岐阜県土岐支所の所長として赴任することになりました。四六歳の時のことです。私に科せられた使命は、T社の時代から万年赤字だったこの支所を黒字にすることでした。私の出身は岐阜県の小さな町なので、田舎の閉鎖的な雰囲気や事情がわかるだろうという人事だったようです。もしかしたら、かつて吸収合併されたD社の社員だった私なら、T社の社員の気持ちがわかるだろうということだったのかもしれません。

支所の社員は一〇人で、私以外は全員T社時代からの平社員です。T社は私が最初に就職したD社と同じくらいの規模でした。C社に比べれば小さな会社ですが、合併するまでは競合していた会社です。ライバル会社に吸収された社員だけの支所に、私は一人で乗り込んでいったわけです。

赴任してすぐにわかったのは――いまだから言えますが、社員の意識レベルがかなり低いということでした。例えば、私が赴任した初日に、堂々と当り前のように遅刻して来る社員がいました。二日目に「いま何時だと思っているんだ。そんなならもう来なくていい」と注意したくらいです。本社から遠いこともあり、遅刻だけでなくいろいろな甘えがありました。特に営業のやり方が甘いと思いました。

　赤字を黒字に転換するには、基本的には得意先を増やしていくしかありません。これまで取引のなかった病院にもどんどん営業をかけていく。その一方で悪い取引先を切り、売上の絶対数を上げていく。T社は小さな会社でしたから、岐阜県全体でシェアは七~八パーセントくらい。地域内にある支所のシェアとしても二パーセントあるかないかです。こういう地域なら営業先はまだまだいくらでもあります。やりようによっては大きく伸びる可能性があるはずです。

　ところが、社員はいつも「ノルマに届かない」と嘆いていました。私は、「何を言ってるんだ。うちのシェアはたったの二パーセントだよ。二パーセントしかないのにノルマが達成できないというのはおかしいじゃないか」と怒りました。五〇パーセントのシェアがあるのなら、それ以上にシェアを上げるのは厳しいかもしれないが、五パーセントや一〇パーセントならまだまだ取れるはずだと言ったのです。正確に言えば屁理屈かもしれません。しかしそうやってみんなに言い聞かせながら、新規開拓をしていくしかないわけです。

私が所長として赴任したちょうどそのころ、医薬分業が始まりました。医薬分業とは、医師は患者さんを診察して処方箋を書き、患者さんはそれを持って院外の調剤薬局で調剤してもらうシステムです。私は特に調剤薬局を抱えている病院へ新規の営業をかけるように指示しました。

社内の雰囲気を変える

「会社で言うなら、株式会社土岐営業所は赤字だよ」というのも、私がいつも言っていたことです。「赤字の会社だから、本当ならボーナスも給料も出ないはずだよ」。そんなふうに言えば反発されるのはわかっていましたが、仕方ありません。「だから、みんなで頑張って黒字にしなければいけない」と言い続けました。

この支所は合併するまで取引のある製薬会社が二〇社くらいで、大手に比べて扱える薬の種類が少なく、いくら頑張ってもシェアが広がらないことがあるのはわかっていました。最初から不利ですから、新規営業をかけても努力のわりに報われないことも多い。むしろ競合相手から取引先を奪われないよう、守りに入らざるを得なかったはずです。私が最初に勤めたD社と似ているのでよくわかります。しかしC社と合併したことで営業の環境は大きく変わりました。やり方を変えればそれまでとは違う営業ができますし、シェアを広げていくこともできるはずです。ただし、以前と同じ営業スタイルでは、数字が伸びるはずがありません。古い体質、古いやり方を変えていかなければなりません。

といっても所長の私がただ口で言うだけでは、会社の雰囲気は変わりません。私は部下と一緒に営業先を回り、目の前でやって見せ、やらせました。私自身も率先して新しい営業先の開拓に行き、部下からうまくいきそうなので手助けが必要だと聞けば、いつでも飛んで行きました。それを繰り返しながら、少しずつ改善・改革を進めていきました。

古い付き合いでも悪い取引先は切る

一方で、おかしな取引先には「もう行かなくていい」と命じました。例えば代金を払わないのに、「すぐに薬を持ってきてくれ」と急配ばかり要求するクリニックがありました。支払いは渋るのに、急配ばかりやらされては採算が合いません。「そんな取引先になんで急配するんだ」「先方から電話がかかってきても急配はするな」と指示しました。あるいは、「一時間経ってから配達しろ。二時間経ってからでもいい。代金を払ってくれたら持って行きますと言ってもいい。相手が怒ったら怒ったでいい、文句を言ってきたら私のところに言って来い」と言いました。

きちんと支払いをしない取引先でも、頭を下げて関係を続けてきたのにはいろいろな理由があります。例えば、昔からの得意先の病院が、医薬分業で病院の近くにつくった調剤薬局の支払いが非常に悪い。しかし病院時代からの付き合いがあるから何も言えないといったことです。その調剤薬局の経理状況を見てあまりの酷さに頭に来た私は、薬局の店長に直接電話をして「しっかり支払いをしてもらわないと、これ以上薬を入れられません」とはっきり言いました。案の定すぐに病院の院長先生から

「所長はいらっしゃいますか？」と電話が入りました。調剤薬局と院長先生は繋がりが強いので、「薬局の店長から薬を入れないと聞きましたが、どういうことですか？」という苦情の電話です。

私が「我々はビジネスですから、売上で利益を回収しなければ成立しません。そこが少しでも欠ければ、もうビジネスでありません。代金がもらえないなら、取引をお断わりしたい」と言うと、院長は「長いつきあいなのに、そんな冷たいことを」と怒りましたが私は譲りませんでした。

勇気ある撤退

薬局が払わなかった理由ははっきりわかりませんでしたが、払うべき代金をどこかへ流用していた可能性があります。もしかしたら調剤薬局の店長と院長が結託していたのかもしれません。それでも大きな取引先だったので切れなかったのです。すったもんだの末、取引は中止になり、溜った分は最後の最後まで追いかけて払ってもらいました。現在では取引契約書で「納品後三カ月以内に支払ってください。最悪の場合、納品は致しません」という契約を交わしていますから、支払遅延は無くなりました。遅れたとしても大抵は三カ月以内に払われます。しかし当時は、支払いが遅延するところは珍しくはありません。払うと言いながら一〇〇万円の代金のうち三〇万円だけ払うところさえあったのです。どういった理由であれ、私はビジネスとして成り立たないと判断した取引先との関係は思い切って整理しました。社員にもはっきり言いました。

「所長の私が取引先の前に出て行く時は、あなたが担当している取引先と取引を続けるかやめるか白黒をつける時だ。その場合、黒になることが多いだろうと思う。後戻りはしない。営業マンはしっかり判断して取り組んでください」。

取引停止になれば、その分の売上が上がらなくなるから担当者は困ります。本社に報告すれば、本社は「その分をどこかで売れ」と言ってくるに決まっています。営業マンには厳しいことになりますが、それをやらなければ、営業マンとしての本当の意味での成長はありません。目先の売上を優先すると、悪い取引先に引っかかることがあります。

それでも、もし取引先が倒産して一〇〇〇万円の売上が回収できなくなれば、その分を取り戻すには一〇億円分くらいは動かさなければなりません。責任者は「勇気ある撤退」ということを常に頭に入れておかなければいけないと思いました。

キャッシュフローを全社員に公開

私はまた、社員にビジネス感覚を植え付けようと、会社のキャッシュフローを全社員に公開しました。病院などの医療施設で使われる薬は、そのほとんどが医療保険の対象となっています。患者さんは薬の代金の一部を薬局の窓口で負担しますが、残りは医療保険から支払われます。薬の残りの代金は薬局が請求し、国から支払われるのは二カ月後、医薬品卸が製薬会社に支払うのは三カ月後です。つまり薬を納品して二カ月後に代金が当社に入金され、当社はその翌日には製薬会社に支払うという流れになっているわけです。

このバランスがうまくとれていれば、会社のキャッシュフローは健全です。しかし営業マンが売上を上げるために一気に大量の薬を売れば、その月の売上は上がりますが、相手は在庫過多になるので翌月の売上は下がります。一方で三カ月後の支払いが急に増えるためキャッシュフローが赤字になり、銀行から短期借入をしなければなりません。会社は、本来なら払わなくてもいい高い利息を払わなければならなくなります。二カ月後の入金と三カ月後の支払いのバランスを考えながら営業しなければいけないということを、全社員が知らなければなりません。それまでは代金回収のことは考えず、ただ売上を上げることを優先していました。売上さえ上がればいいという考えでは、製薬会社への支払いがショートしてしまいます。

さらに、万が一取引先が代金を支払わずに逃げてしまえば、その損失を補うためにどれだけ売らなければいけないかを説明し、一時的に売上がダウンしたとしても、まず代金を払ってもらうことが重要だと教えました。支払いの悪い取引を放置しておくことはキャッシュフローを悪くするだけでなく、代金の回収のために労力を使わなければならなくなり、その分、新規営業の労力は削がれます。

一営業所の営業マンにはそこまでは関係ないとも言えますが、そういうことも知ったうえで、会社全体のことをきちんと考えて営業していく癖を付けないと、いつまで経っても黒字にはできません。何がなんでも売上さえ上げればいいということではない。自分の売上が会社全体にとってどういった意味があるのか、そのことを全員に考えてほしかったのです。

部下からの反発と抵抗

こうした私のやり方に、社員からはかなりの反発がありました。合併したばかりで「どんな奴が所長に来るのか」と身構えていたところに、矢継ぎ早にいろいろ言われたから当然でしょう。合併前は、出勤したらまずはゆっくりコーヒーを飲んでから得意先に行く……というようなやり方でしたから、私のやり方に急にはついて来れません。

ある日、みんなで一緒に飲みに行った時のことです。なにか雰囲気がおかしいと思ったので、「みんなはまだ飲んでいてもいいが、私は先に帰る」と先に帰ってきました。すると、翌日の朝礼で「すみません。昼ご飯を食べている間に高い薬が盗まれたのですが、どうしたらいいでしょうか?」という質問が出ました。当時は営業マンが直接取引先に薬を届けていたため、昼ご飯食べている間に箱ごと薬が盗まれるということはないわけではありません。そこで、「盗まれたので誰が保証すればいいのか?」というわけです。

私は、「盗まれた本人が保証するのが当然だ」と言いました。財布を盗まれたのは本人の責任で、それと一緒だと言ったわけです。ところがその部下は、「上司である責任者が保証しなければなんともならない」「会社で持ってほしい。代金を出すつもりはない」と主張しました。

私は、「じゃあ警察を入れて調べてもらおう」と言い返しました。実際のところ、本当に盗まれたかどうかが怪しいわけです。営業の一貫としてその薬を別の取引先に流した可能性も疑われます。白黒をはっきりさせるのなら、警察を入れるしかありません。それでもまだぐだぐだ言うので、「いずれにしても誰かが保証しなければいけない。会社の商品だから上司の管理責任として私も払うが、盗まれた人も払わなければいけない。そのうえで、二度と盗まれない方法を考えよう」と言うと、それで終わりになりました。私への反発から、難題をふっかけたつもりだったのでしょう。

この頃私は、金曜の夜にひそかに金額の高い薬の在庫だけは調べておきました。品物を流せば簡単に現金になるので、反発した社員がやるかもしれないと心配したのです。それをやられると簡単に利益が吹っ飛んでしまいます。五〇〇万円の利益を出すには三〇〇〇万円近くを売上なければなりません。下手をすると三〇〇〇万円の売上の努力が一晩で飛んでしまう可能性もあったからです。

部下が「スト」を言い出す

社員が「ストをやる」と言い出したこともありました。合併前よりボーナスが増えると言っているのに、給与が不満だというのです。

「やりたいのなら好きなようにやれ。ストをやれば、赤字の支所がさらに赤字になるだけじゃないか。そうすれば、ボーナスだってもらえない。やってもいいが、その代わり明日から来なくていいぞ。みんながストをやるなら、私は一人で営業に回る」と言い放ちました。

要するに会社のやり方が変わったので、いろいろ言ってみたいわけです。合併して新しい上司が来て、それまでと違うやり方に反発してみたいという気持ちはわからないではありません。「いろいろ言いたい気持ちはわかる。しかし、それは思っていても腹に溜めて口に出すことじゃないだろう」と言うと、ストは中止になりました。

もっとも本気でストをやると言っているわけではない、口で言っているだけででき るはずがないということも、最初からわかっていました。一番馬鹿馬鹿しかったのは、ある部下が突然、「所長、葬式があるので、明日の本社研修には行けません」と言いに来たことです。合併先の研修なんか受けたくない、ということだろうとわかっていましたが、それは言わずに「おい、明日は友引だぞ。友引の日に葬式をやるのか」と言うと相手は口ごもりました。何度かのやりとりがあり結局行くことになりましたが、いくらなんでも抵抗の仕方が幼なすぎます。本当に用事があるならそう言えばいいのに、単に行きたくないから葬式だなんだと言っていることくらいすぐにわかります。

こんなことがいくつもありましたが、私の方が正論ですから中途半端に妥協せずに言い続ければ、相手は引き下がらざるを得ません。部下が何を言ってきても私は正面からガツンと返しますから、だんだん何も言ってこなくなりました。ただ、こうした反抗を潰しながらも、ある社員だけはいずれ辞めさせなければならなくなるだろう、と思っていました。

会社の癌になっている社員

合併前からの古株で、ボスのように見られている社員がいました。彼が他の社員を集めては「ああでもない、こうでもない」と私のやり方を批判し、反発するようにけしかけていることはわかっていました。長年いるのでみんなから一目も二目も置かれ、誰も反論らしいことは言えません。しかし、やっていることと言えば、朝、出勤してくるとゆっくりコーヒーを飲んでから営業に出て、夕方五時には帰宅する。いつも会議に遅刻してくるため、結局同じ会議を二回やらなければならない。医師から「最近、少しも動いてくれない。このままなら取引を中止する」といったクレームが来たので注意しても聞く耳を持たないなど、所内の規律を乱すことばかりです。それが当り前のようになっていました。

困ったことに、こういう人に限って売上の数字を作るのが上手いものです。従来からの大きな取引先を握っていて、そこに集中して営業をかけているからまとまった注文を取ることができるのです。しかし新規開拓はしません。相手の言うことを聞き、我慢しながらコツコツと営業をかけ、半年頑張って契約を取ってくるということもしません。そして若い社員と酒を飲みに行っては、適当なことばかり吹き込むわけです。

こうした社員は、最後は転勤させるしかありません。しかし小さな営業所にとって、それなりの売上を持っている社員を転勤させれば途端に売上が落ちますから、普通なら転勤まではさせません。本人もそれがわかっているから態度を改めないわけです。

とはいえ、その社員がいるために全体の売上が上がっていかないのも明らかです。もっと真面目に仕事に取り組みたい社員がいるかもしれないのに、その人がいるためにできない。もう少し上手く教えれば伸びるはずの社員が、その一人の社員のために羽ばたけないということもあります。一人ひとりはそれほど悪い社員ではありませんが、なまぬるい体質に長年浸かってきたために、その体質が染みこんでしまっている。それを変えようとしても、足を引っ張る社員が一人いるからそちらに流されてしまい、組織として成長できないままになっている。つまり、その社員が会社にとって癌になっているわけです。癌になっている人物を組織としてどう生かすか、あるいはどう対処するかは大きな問題です。私は、時期を見計らって癌を切ることを決断しました。

部下を切るという孤独な闘い

二年間我慢した後で、ついに本社の部長に「彼を切りたい」と相談しました。部長は、「そんなこと言わないでなんとかしろ。お前の使い方が悪いんじゃないか」と言いました。人事に関して上司はたいがい「お前の使い方が悪い」と言いがちです。部長も数字が下がるのが恐いからです。「それはありません。こうこうこうだから切りたい」と説明しても、数字が下がると社内で叩かれるので渋ります。

部長とのすったもんだのやり取りの末、結局、その社員の転勤が決まりました。私がその社員に「転勤」を告げると、ずいぶん文句を言いましたし反抗もしました。まずあちこちに行って、私の悪口をさんざん言いまくりました。製薬会社に行って所長はああだこうだと騒ぎ、得意先でもあることないことをしゃべるので、ある薬局から「どうして転勤させるのか」と言ってきたくらいです。

また、「転勤して担当が替わったら、あそことの取引は終わる。他の社員が行っても無理だ」と言って自分の存在をアピールしました。しかし、会社と得意先の付き合いですから、担当が変わっただけで取引が全くなくなってしまうことは、この社員が医師に何を吹き込んでいたにせよあり得ません。私は新しい担当者を連れて、「このたび担当を変えさせていただきました。力不足かも知れませんが、これからは誰々が回りますのでどうぞよろしくお願いします」と挨拶して回りました。

結局、この中堅の社員は会社を辞めていきました。組織のレベルを上げ、売上を上げようと思うなら、責任者は何を言われてもこうした社員に対して一人で決着をつけなければなりません。売上がどのくらいダウンするかも承知の上で切らなければならないのです。それをやりきるのは辛いことです。そうした孤独に耐えられなければ、上に立つ人の仕事は成り立ちません。どんな企業でも、この孤独に耐えられない人は上には立てないと思います。

私が本気になって部下を切ったのは、この時と前の課にいた時の二人だけです。

落ち込んだ分の売上を一年で回復

中堅の社員を切った直後、売上はやはり落ちました。しかし、その社員がいなくなったことで社内の雰囲気はがらりと変わりました。社員が生き生きしてくれれば、売上が上がる可能性は広がります。組織全体のレベルも上がっていきます。私は売上を戻す自信がありましたが、万が一下がってもなんとかなる、一時期はダウンしても支所全体としては上がっていくと確信していました。

ただし、反発していた部下を本心から変えるには、実際に数字を上げていかなければいけません。私は、「いままでとは違うぞ」と思わせるように、営業に関しても一つひとつ噛《か》み砕《くだ》いて教えました。以前にも増して積極的に部下に付いて行き、営業のやり方を教え、自らもどんどん新規開拓に行きました。「ここを取りに行くからお前が回れ」と言うこともあれば、「ここに行くぞ。私が行くから一緒に来い」と言って、どうやるかを見せて教えました。「こんなことまでやるんですか」と言われたこともありましたが、そのたびに「当たり前やないか！」と突っぱねました。生意気な部下を「馬鹿野郎！」と怒鳴ったこともあります。新規開拓では見積りを出さなければいけないので、その出し方も教えました。

そうやって一年後には、いなくなった中堅社員の分の売上を回復できました。たいがいのことは、一年あればなんとかなるものです。

実績を積み上げて自信をつける

その頃になると会社の雰囲気は完全に変わっていました。営業のやり方も変わってきたので、製薬会社がうちの社員を見る目も「以前と違う」と変わってきていました。製薬会社は時々営業所別の売上コンテストを企画します。特定の薬を指定して、それが一定の期間でどれだけ売れたかを競わせるのです。私はその企画を見ていて、「この企画なら勝てそうだ」という時には、「このコンテストは取っていくよ」と宣言し、部下と一緒にクリアすることで自信をつけさせました。

新薬が出ると、「この薬をこれだけ売っていくぞ」と直近の目標を明確に掲げて、成果を出しました。人は遠い目標、大きすぎる目標にはチャレンジしませんが、間近な目標、頑張れば手が届きそうな目標であれば懸命に取り組みます。それをクリアできれば自信になりますし、売上も上がっていきます。この頃は、社員にいつも「勝つ喧嘩をやってこい」と言っていました。「このセールスなら勝てると思えば勝負してくればいいし、初めから負ける喧嘩なら元も子もなくなるから喧嘩をするな」と。要は、一〇〇パーセント勝つイメージを作っていけということです。実際、そのイメージを描ければ大抵うまくいきます。

勝つためには、実力をつけなければいけないことはわかっています。それにはどうすればいいか、どうすれば勝てるのかと考えると、いろいろと問題点が出てきます。それを楽しみながら、どうやってこなしていくかを考える。そうやって、なにかで一つ成功するとモチベーションが上がっていく。こうすれば上手くいくというのがわかると、また数字が上がっていく。これがまたモチベーションのステップアップに繋がります。そうやって自分に自信を持つことが一番大事なことです。人に勝つより自分に勝つということが一番大事なのです。

早く黒字にしなければという使命感がありますから、私も必死でした。私はだらだらするのが嫌いなので休日出勤はしないことにしていましたが、この頃は土曜も日曜もよく出勤していました。休日出勤はあまりよくないとわかっていても、部下の営業先に付いて行ったりして内勤処理が滞ってしまい、出て行かざるを得なかったのです。

「できる営業」は当り前のことが当り前にできる

営業で一番大事なのは服装や挨拶、靴を揃えるといった基本的なことです。私は新人だけでなく部下と一緒に得意先を回る時には、まず服装は小奇麗にしておくように指導することから始めました。病院の待合室の中央に営業マンが座っているのはおかしいので、「隅に行って座れ」と注意しました。

最近は靴を脱いで診察を受けるところはほとんどありませんが、当時は靴を脱いで上がる待合室がずいぶんありました。そこで、「靴を脱いだら脱ぎっぱなしにせず、揃えて端の方に寄せろ」と言い、「自分の靴を揃えるだけでなく、先に入っている患者さんの靴も揃えて、自分の靴は一番端に置きなさい。誰が見ているかわからないから、いつでもそのくらいきちんとしなければいけない」と教えました。ちょっとしたことをしっかりやっていると、ある日誰かが見て「あの子よくやっているな」と言われます。誰も見ていないようでも、誰かが見ているものです。

言うまでもないことですが、医師を待っている間は、患者さんに迷惑をかけるような態度はいけません。本を読んでも構わないが隅の方で読む。私自身は、先生を待っている時はパンフレットを見たり、今日はどういう話をしようかと考えていました。ぼーっとしていることもよくありました。いまはみんなパソコンを持っていますから、パソコンでデータを打ったりしていれば問題ないと思います。

医師との面談となったらドアをノックして「どうぞ」と言われたら入る。椅子に座って「先生よろしいですか」とお聞きし、「いいですよ」と言われてから話を始める。挨拶は、はっきりした言葉で相手の目を見てきっちりする。「えへへ、こんちは」と言うような具合ではいけない……。私は、こうしたことを一つひとつ丁寧に教えていきました。

その一方で、セールス上の話し方や接遇についてはあまり厳しく言いませんでした。私が医師役になって、商品の説明の仕方などロールプレイングをやりながら、これだけは言わなきゃ駄目だよとか、ポイントをどれだけしゃべればいいのかなどを教えたこともありましたが、仕事をやっていれば自然に覚えることですし、直しなさいと言えば簡単に直せることだからです。大切にしたのはそうしたテクニック的なことではなく、挨拶や礼儀です。社会人として当たり前のことが当たり前にできることが、営業の基礎だからです。

できる営業マンの匂い

自分が脱いだ靴を揃える、当り前のことですができない人は多い。先生に頼まれたことを忘れずに連絡する。これも当り前のことですが案外できない人が多い。例えば先生から「こういう問題があったからちょっと調べてきてください」と言われることがあります。「わかりました。三日ください」とか「三日以内に途中経過を連絡させていただきます」などと言えば、相手も安心していられます。

「これは難しいから、調べても簡単にはわかりそうにないな」という場合でも、「一度あたってみます。結果は必ず連絡します」と言う。初めから断ったり「いや～それは……」など言うと、「おまえ、何もやらずに『いや～』じゃないだろう」ということになります。「ちょっと時間をください」と言って途中経過を報告し、できないなら「先生、無理でした」と早めに伝えればいい。ところがこれが言えない営業マンが多い。その当り前のことを当り前にできる人は、そうたくさんはいないのです。

しかし、こうしたことがきちんとできる営業マンは、見ているだけでなんとなく「できる営業マンの匂い」がします。態度を見ているだけでわかります。私が部下にいつも言っていたのは、「きちんと挨拶をして、時間を守りなさい。そして、感謝の心があれば物事は絶対に上手くまわっていく」ということです。その上で、どんな小さいことでもいいから先生の喜ぶことをしろと教えました。「先生、花がきれいですね」といった一言でも相手の喜ぶことを言う。「今日はまた花が変わってますね」と気付いたら先生に話す。相手は「うちのことをよく見てくれているな」と思います。初めから難しいことを言ってもできませんから、そういう身近なことから教えていきました。

目標はノルマではない

営業では売上の目標を立てますが、目標を立てる意味を理解している人は、それほど多くありません。多くの人は目標とはノルマだと思っていますが、目標はノルマではありません。目標を立てなければ、計画・実行・修正もできないから立てるのです。「なぜロケットで月に行けたのか？」というロケット理論があります。これによれば、①月に行こうという明確な目標を持ったから。②緻密な計画を立てて実行したから。

③到達過程での軌道修正を適確にしたから、この三つがあったからだといいます。

「月に行く」という目標を立てたから計画を立てるし実行もする。軌道が間違っていたら修正もできるわけです。会社であれば目標を設定したら必ず紙に書き、その目標を達成するための内訳を具体的に考え、期限も決めて細かくスケジュールを組むということです。大切なのは、きちんとやれば一〇〇パーセント達成できる目標を立てること。少なくとも九〇パーセントは達成できなければいけないし、できすぎても一〇五パーセントくらいまでにして、それ以上の負荷をかけてはいけません。

毎日一歩ずつ行けば絶対に成功することはわかっているけれど、調整不足のこともあれば体調不良の日もあるから、半歩になってしまうこともあります。それでもどうにかして一〇〇パーセントに持っていくことが大切なのです。そして達成できなかったらどこに問題があったのかを検討し、修正していく。目標は高いほうがいいだろうと、始めからできそうもない数字を掲げても意味はありません。

目標が必要なのは、達成できなかった時に問題点を修正するため、達成した時に改良点を明確にするためです。目標とはそのために立てるのであって、与えられたノルマではないということを知らなければなりません。私はこうした説明も社員にしていました。

ライバル会社との比較をやめる

問題の社員が退職して一年以上が経ち、売上が少しずつ上向いてきたとはいえ、競合他社の数字を見ると、その差はまだ歴然としていました。大きな差がついていますから、毎月数字を見るたびに社員は暗くなります。そして、あの時先方に行かなかったからだ、価格競争でやられたなどと売れない理由ばかり並べるようになりました。そこで私は他社と比べないことにしました。

どんな会社のどんな営業でもそうでしょうが、一〇人スタッフがいれば一人か二人は暗い人がいます。成績が悪い時はこの一人か二人の暗い人が悪い雰囲気を他の人に広げようとします。味方が欲しいからいい社員を引っ張りこもうとするわけです。するといつの間にか小さな差だったはずの成績が、大きな差になっていきます。暗い雰囲気がそのチーム全体に悪影響を与え、さらに暗くなっていくのです。上司は、いい社員がそうした悪い社員の分子にならないように、気を配る必要があります。

私は一〇人の部下の性格と日頃の様子を全て見ていました。そしてちょっと雰囲気がおかしいと思うと、「なんかあったか」「なんかおかしいぞ」などと話かけていました。ボーナス明細を渡す時に、「最近はどうだ?」「奥さんは元気か? 子どもはどうだ。家族は皆元気にしているか?」と顔を見、声をかけ、様子を見ながら渡しました。

新人には、「初めてのボーナスだから親に何か買ってやれ。靴下でも、ケーキの一つでもいいから買ってやれ。おじいちゃんやおばあちゃんに何でもいいから買ってやれよ」と、部下一人ひとりに必ず何かを一言ずつ言っていました。本当にがんばってやってくれた人には、「本当によく頑張ってくれた。これは俺からだ、ビールでも買ってくれよ」と三〇〇〇円分くらいのスーパーの商品券を渡したりもしました。わずか三〇〇〇円ですが、ボーナスのほかに自分の頑張りが評価されれば嬉しいものです。

結果だけでなく経過も大事に

元気のない部下は、タイミングを見て元気づけます。数字が悪ければ誰でも落ち込みます。そういう時にいつも、「この業界はいくら喧嘩しても命までは持って行かれない。こんな気楽なビジネスはないから、また必死にやろう」と言っていました。状況が悪い時に落ち込んでいると、どんどん悪くなってしまいますから、結果は結果だからしょうがないと言いました。それぞれの経過があっての結果です。何もやらずに結果はありません。私はそのことをいつも気にしていました。

ただ、その結果になったのには理由があります。結果は正直ですから、そうなった過程は検討しなければなりません。私は競合他社の戦略はどうなっていたのかを尋ねます。うちと競合相手の差は何だったのか。価格なのか、相手は上司が一緒にまわっていたからなのか……、いろいろな理由がその時々であがります。それに対してうちはどう対処したのかを振り返り、他社に取られたけれど「先生、もう一回私のところとおつき合いください」と言いに行けるのか行けないのかなどと、これからの対応を一緒に考えました。

悪い時こそ上司は笑え

どんなに頑張っても数字が悪い月はあります。そういう時、私は「こういう方法では駄目だよ」という注意はしますが、それほど強くは怒りません。目標に達しなかったのは仕方ないので、怒らずに、「やったな」「お前すごいじゃないか」と褒め、「こういうふうにもう一軒やってきたらどうだ」と言うことにしていました。いつもはよく売る部下の調子が悪い時は、他の元気の良い部下をどんどん引っ張りあげていく。課全体の売上が膨れ上がればいいわけですから、誰かが沈んでいる時は他の調子がいい人の売上を上げておけばいいわけです。そうやって課の雰囲気をいつも明るくしておくことが上に立つものの役割だと思います。

みんなの調子が悪くて気持ちが落ち込んでいる時は、上司はできるだけ明るい顔をしていなければいけません。上司がいつも何か悩みを抱えているような顔をしていると、全体の雰囲気が暗くなります。暗いところには暗い人しか集まりませんから、さらにどんどん落ちて行きます。悪い時こそ、上司は笑うべきです。「敗けは敗けだからそんなのしょうがない。次にどうやるか考えてみよう」と前向きな雰囲気を作っていくことです。

しかし、苦手な相手にどう対応するかと考えていけば、それが自分の戦略になっていきます。私は他の人が苦手だという人ほど面白いと思いました。みんなができないから私がやるのだとやっていくと、不思議なことに成功するようになりました。暗い人同士が集まって話をしていても、決して解決策は見つからない。暗くなれば暗くなるほど事態は悪化します。私はいつまでも愚痴を言っているような人は嫌いなので、そういう人の近くには行きませんし、そういう人も近くに来ません。そういう人はそういう人で集まるものです。暗い人は暗い人、運気のいい人は運気のいい人で集まっている。潰れかけた同士は潰れかけた同士で集まっています。

不思議なことですが、成功している人のところには、やはり成功してる人が寄って来るのです。同じグループの中に、片や成功している人がいて片や潰れかけている人がいるなどということはありません。運気の悪い人からは自然に運気のある人は去っていきます。いいことを言っている人のところには、「一緒に前を向いていこう」という人が集まる。そういうものです。だから成功している人のグループに自分がいられるようになることが、成功の秘訣でもあるのです。

トラブルは割り切って受け入れる

部下がトラブルを起こしたり、取引先からクレームがくることもあります。そういう時は私も落ち込みます。クレームは早めに行って対処することがなによりも大事ですが、いくら謝っても駄目な時はあります。故意でやったわけではないのなら、非を認めて謝るしかないし、改善していくしかありません。謝り方が悪いと言われたりもしますが、それは仕方ないことです。いつまでもグズグズしても仕方ないから割り切る。どんなトラブルもクレームもやってみた結果だから、それはそれで割り切って受け入れるしかありません。やらずにいたら悔いが残るでしょうが、やった結果で悔いが残るのは仕方ないと考えるのです。営業の仕事には嫌なこともたくさんあります。というよりも八割が嫌なことです。だからといってムッとしていたら誰もついてきません。残りの二割をどれだけ楽しんでやるかを考えるしかない。上司が不安な顔をしていたら、部下も不安だらけになってしまいます。私は、どんな時も「なるようになるよ」と笑っていました。

お土産は部下に

話は少し違いますが、営業マンは製薬会社からいろいろなものをもらうことがあります。しかし事務職員は何ももらえません。そこで私は、何かもらった時には「皆でこれを食べて」とか「よかったら、これ、持っていって」と言って、事務職の女性に全てあげました。私は絶対に家に持って帰りませんでした。私にくれたといっても、株式会社C社の所長という会社の看板があるからくれたのであって、私個人にくれたわけではありません。つまりもともと私のものではなく、みんなのものなのです。私のものじゃなくみんなのものだから、みんなに分けて当然です。

ところが、それを持って帰る上司もいます。たいしたものでもないのに喜んで自宅に持って帰る。私は馬鹿じゃないかと思っていました。お前が会社にいるから製薬会社が持ってくるだけで、お前に持って来たんじゃない。それを自分のものにして持って帰るのは心がない。本当に欲しいのなら給料を余計にもらっているので自分で買えばいい、そう思っていました。

みんなに配れば、みんなが気持ちよく仕事をやってくれます。自分のものにすれば

「またあの人はもらったものを持って帰った」と言われるだけです。上に立つ人は、そうしたことも考えて、部下を大事にしなければなりません。

ついに黒字に

こうしたことを続けて二、三年が経つと、営業所の営業マンの気持ちはすっかり変わり、部下のほうから「所長、あそこに寄ってください」と言うようになりました。そう言われればすぐに挨拶しにいきます。「お礼を言っておいてください」と言われればすぐに行きます。明日近くまで行くから明日でいいかなと思っていると用事ができて行けなくなったら困りますから、すぐに行きました。すぐ行動しない所長、こまめに動かない所長は所長をやっている資格がありません。

社員一人ひとりがやればやるほど、数字はどんどん上がっていきます。そして、仕事が面白くなればなるほどやる気になります。かつては自分の営業先を他社に取られないようにという守りの姿勢だったのが、どんどん攻めの営業ができるようになってきました。売上はさらに上がってくるから、仕事がさらに面白くなってくるという良い循環も生まれてきました。こうなればしめたものです。製薬会社も積極的に協力してくれるようになり、いろいろな情報も入ってくるようになります。

それでも支所が黒字を出すまでには四〜五年かかりました。そして、完全に黒字になると、他の支所と統合して多治見エリアの支店へと昇格しました。

どんな企業でも一緒だと思いますが、悪いことを考えて悪く回りだすとどんどん悪くなり、良い循環が回り始めればどんどんよくなっていきます。大変なのはそうなるまでです。悪い流れをどうやって止め、良い流れを作っていくか、そこが上司の力です。赤字の支所に行くというのは嫌なものです。シェアが低い支所は、他社の営業マンから明らかに舐められます。医師がそういった態度を見せることはありませんが、製薬会社も「あんな支所は放っておけばいい」と思っているという態度が見えます。私にはそれが我慢できませんでした。

私が所長になった時、他社の営業マンはT社出身の人が転勤してくると思っていたようです。ところが私という曲者が来ました。私は一度食いついた営業先は絶対に離しません。「これはちょっと違うぞ」とだんだん見る目が変わってくるのがわかりました。最初は地域で下から二番目くらいの売上しかなかったのに、次々にライバル会社の売上をひっくり返し、ついには上から二番目くらいにまで上がっていきました。他の支所の売上がどんどん下がっていくなかで、私の支所だけどんどん上がっていったのは気持ちの良い体験でした。

最初の仕事はトイレ掃除

ところで、私が所長になってまずやったのは、社員教育でも社内改革でもありません。実はトイレを綺麗にすることでした。みんながトイレに入りやすくなるように、毎朝どの社員よりも早く出勤してトイレ掃除をしました。アンモニアの汚いがプンプン臭うトイレは誰も行きたくありません。特に女性社員は汚いトイレの会社には行きたがりません。綺麗なトイレなら誰もが使ってみたいと思います。トイレを綺麗にしていると、私達営業マンがいない時でも、製薬会社の営業マンが「ちょっとトイレを貸してください」と寄ってくれたりしました。そのついでにいろいろな情報をしゃべっていったりもしました。

どこの会社に行ってもそうですが、トイレが綺麗だと気持ちがいいものです。逆に、トイレが汚いと会社全体のイメージが悪くなります。誰が来ても「ここのトイレは綺麗だな、気持ちいいな」と心地よく用を足してもらえるような会社でなければいけないと思います。どこのどういう店であろうと、どんな時であってもトイレだけは綺麗にしなければいけません。トップは、「トイレの掃除ができるのは幸せだ」と思うくらいでなければいけないと思います。私は退職するまでトイレ掃除だけは他の社員にはやらせず、クレゾールをかけて便器を洗い、ホースで水をかけて流していました。

部下も最初は「何だろう」と思っていたでしょうが、だんだんわかってきます。いまでもそうだと思いますが、やはり部下は上司の背中を見て育つところがあります。トイレ掃除もやるし何でもやるから、この上司にはついて行かなければならないなと思うわけです。

課長の経験、所長の経験が社長業に繋がっている

小さな支所とはいえ、所長というトップになるのと、会社の中の一つの課の課長では、同じ管理職のようでいて全く違います。課長はその課の営業のことだけを見てい

れば良いわけですが、所長であれば事務職の社員も見なければなりません。電話応対も含めて事務の細々した事情や情報を集める必要がありますし、経理もしっかり管理しなければいけません。

精神的にも、勤務中に何かあればいつでも全速力で走るくらいの緊張感を強いられます。そのプレッシャーに参ってしまう人もいるでしょうが、私にはむしろ楽しいことでした。課長は課長なりに、所長は所長なりに楽しかったと思いますが、私がいま、社長を続けていられるのは、所長として赤字の支所を黒字に――しかも地域のトップクラスに成長させたことと、課長から所長になったという経験が生きていると思います。

「取引先を切る」ことや「部下をやめさせる」といった判断は、課長にでも所長にもあります。いずれも難しいものですが、特にその組織のトップであれば必ず行わなければならないことです。私がその決断をする時に最後の切り札にしたのは、「これはビジネスだ」ということでした。儲からない取引先、代金をくれない取引先に、喜んで「いつもありがとうございます」とは言えません。代金を払わない取引先は、「しょうがないから納品してやっている」くらいに思わないと仕事になりません。私は部下に、そうしたことも口に出してはっきり言いました。「そんなことではビジネスにならないよ」と……。

こうした経験があったからこそ現在の会社の社長を続けられるのだと思っています。これまでやってきた経験と体験は現在の社長業に繋がっています。いまになって改めて思うのは、社長業をやろうという人には営業力が必要だということです。逆に言えば、営業センスがない人が社長をやるのはかなり難しいと思います。ビジネスを成り立たせるのは営業のセンスです。それがあるから社長業もできるのです。

営業センスがない人は社長に向かない

営業の戦略がわからずに起業する人は、目先の欲だけで利益を計算して失敗します。苦労の先にはいいことがあること、簡単に落ちる相手からはそれほど利益が出ないということを知りません。数字は当然必要ですが、会社全体の数字を見なければいけないことがわからない起業家もいます。

自分は社長だと威張っているような人は、社長に向きません。「いまの状態で本当にいいのだろうか」「次に何をやったらいいのか」「次はどう踏み込むべきか」「ここを攻略するにはどうすればいいのか」といったことを、常に考えていなければ、社長は務まりません。それは、私が営業マンの時に院長先生をどう落とせばいいか、常にいろいろなことを考えていたことと根本的には一緒です。

「儲かっているからこのままでいい」と考えるのか、それとも「儲かっているうちに何をやればいいのか」と考えるのか。「次のステップとして何をやらなければいけないのか」と常に考え続けた営業の経験が、私の社長業を支えています。

第四章

他人に勝つより「自分」に勝て

裸電球の時代に育って

私は昭和二三年（一九四八年）一月一日、現在の岐阜県恵那市岩村町に生まれました。六人兄弟の五番目で、長兄とは一二歳離れていますが、三番目の男子だからと「雄三」と名付けられました。ずいぶん子どもが多いと思うかもしれませんが、当時はどの家にもそのくらい子どもがいました。生家は、岩村城（よく霧が発生するため別名・霧ヶ城とも呼ばれていた）三万石の城下町の真ん中にありました。父は宮大工の棟梁で、隣近所は商売をやっている家や職人の家が多く、製材所や鉄工所が並んでいました。いまでいうサラリーマン、会社務めの家はごく一部でした。

まだ日本中が貧しかった時代です。私の家では、私が大人になる頃はそこそこ食べられるようになりましたが、それでも一匹のサンマを頭と胴体と尻尾と三つに分けて三人で一匹を食べるのが当たり前でした。裸電球の時代でコンセントも一個しかなく、必要に応じて一つの裸電球をあちこちに持って行きました。冬は掘り炬燵に炭を入れて暖を取ります。時には毛布を焦がしてしまうこともありました。練炭もなくテレビもない頃ですから、夜になったら寝るしかありません。楽しみはラジオでプロ野球を聞くくらいでした。

小学校四年生くらいの時に、近所の新聞配達所がテレビを貸し出すようになりました。といっても一台か二台を近所でまわして見ていました。そんな時代だからでしょうか、大人はみな必死に生きていたような気がしますし、子どもは勉強もせずに遊んでばかりいました。大人が生きることに必死だったように、子どもは遊ぶことに必死だったのです。私はなぜか小さい頃からご飯を炊くのが好きで、「はじめチョロチョロ中パッパッ、赤子泣いても蓋とるな」と教えてもらうと、朝五時頃から火をおこしてご飯を炊いていました。

当時、私の町には八〇〇〇から九〇〇〇人の人が住んでいたのでしょう。田舎でしたが小学校は一学年五クラス。中学校でも一学年二五〇人くらいはいたと思います。子どもの人数が急激に増えた団塊の世代の真っただ中ですから、何をやるにも競争でした。

遊びに明け暮れた子どもの頃

農繁期には学校が休みになりました。農家の子は自宅の農作業を、農家でない家の子も親戚の手伝いに行きました。春の田植えは手植えですし、秋は鎌で稲刈りをしていましたから、農家の子は一二月になるまで朝から晩まで、いろいろな仕事をしていました。大工の家ではそういうことはなく、田植えと稲刈りくらいは手伝ったものの、後は毎日暗くなるまで遊んでいました。

コマ回し。メンコ。釘刺し。ゴム跳び。高跳び。Yの字の枝にゴムを張ったパチンコ。竹に穴を開けた水鉄砲。新聞紙を濡らしてパチーンと鳴らす紙鉄砲。杉の実を飛ばす杉の実鉄砲はものすごくいい音がしたものです。竹とんぼは自分たちで作って飛ばしていました。自転車のタイヤを外して回すリング回しもよくやりました。当時の子どもは、誰でも鉛筆を削るためにナイフ（肥後《ひご》の守《かみ》）を持っていました。誰かから鉈《なた》や鑿《のみ》の使い方を教えてもらっていましたから、ゴムを巻いて飛ばすグライダーも自分たちで作りました。鉱石ラジオで短波放送を聞いたり、ゲルマニウムラジオをラジオ屋からもらってきて聞いたこともあります。

鉛筆のアルミのキャップを潰し、その中に学生服のカラーを切って詰め、ロウソクで燃やしてロケットのようにピューッと飛ばすなどということもしょっちゅうやっていました。私は体を動かすのが好きで、なかでも野球は得意でした。まだ、柔らかいゴムボールしかありませんでしたが、よく野球をやっていました。泳ぎは得意ではありませんでしたが、夏の日曜日は朝早くから魚釣りに行ったり、手で魚を捕まえたりもしました。秋になると霞網《かすみあみ》をかけにいくことも楽しみでした。朝四時頃に起き道具を持って、山の方にある親戚の家に向かいます。七時前には準備を終え、山の上の小さな小屋の中で白い旗を持って、ツグミやスズメなどの野鳥の群れが来るのを待つのです。ピピピピと小鳥がさえずったかと思うと群れが一斉に飛んできます。その瞬間にぶわぁっと網を打つ。怖いくらいの大量の鳥が落ちました。まさに一網打尽。網にかかっている小鳥を一羽ずつ外し首をクッと捻るとすっと体が緩むので、その場で頭に藁を突っ込んで食べたものです。現在では禁止されていますが、霞網で獲ったツグミほどおいしいものはありませんでした。

冬は雪が降ればソリ滑り。竹を伐って縦に割り、火で炙《あぶ》りながら尖端を少しずつ曲げてソリを作りました。木の切り株はジャンプ台になりました。

ガキ大将に

私はいつもいたずらをしていたので、いつの間にかガキ大将になっていました。いたずらをしては親に後ろ手に木に縛りつけられ、あたりが真っ暗になって晩飯になるまで放って置かれたものです。何をやったかもう覚えていませんが、おそらく他人の家の西瓜を盗んだりしていたのでしょう。畑の西瓜の一カ所を掘って食べ、わからないようにひっくり返しておいたことを覚えています。川へ泳ぎに行った帰りに畑のきゅうりをもいで食べたり、柿を取って食べたこともあります。柿の木は折れやすく怪我をしないように気をつけながら登りました。そんなことを毎日のようにやっていましたから、近所からいつも、「また、あそこの坊がやった」と言われていました。

いまからすればずいぶん荒っぽいことをやっているようですが、不思議なもので大怪我をした子はいません。私の怪我の記憶も一度だけです。正月の一日か二日だったと思いますが、遊んでいてどこからかポーンと跳び下りたら、グサッと耳に竹が刺さりました。すぐに病院に行って取ってもらった覚えがあります。ともかく当時は四季それぞれに応じた遊びがあり、毎日遊びまわっていました。小学校高学年までは遊んだ記憶しかありません。

居残りで見た夕陽

学校の成績は全く駄目でした。通知表も一と二と三ばかりで、少しマシなのは体育だけ。ともかく勉強をしたくなかった。授業は面白くないし先生と目が合うと当てられるので、授業中はずっと下を向いていました。当時の先生は、頭の良い生徒にだけ目をかけているところがあったため、できない私にとって学校は面白くなく、余計に勉強もやりたくなくなったのかもしれません。

何年生の時だったか忘れましたが、厳しい女の先生が担任になると、できない罰として乾拭きの雑巾がけをやらされたことがあります。塾がない時代ですから、できない子どもは、「頭の良い同級生の家に教えてもらいに行きなさい」と言われました。頭の良い子の家は大抵いい生活をしています。そこに行くだけは行きますが、やっぱり勉強はしません。成績の良い女の子の家に行ったこともありますが、やっぱりしませんでした。

小学校時代のことで一番よく覚えているのは、秋の夕陽がきれいだったこと。小学校が高台の城跡にあり、校舎を出るとすぐ城の西門がありました。できの悪い子どもは居残り勉強をさせられます。私はほとんど毎日居残りです。秋に居残りが終わると、つるべ落としの夕陽が本当にきれいでした。ふだんの居残りの時は「早く帰りたいな」と思うだけですが、秋は西の門が開くと太陽が沈んでいきます。一人で門をくぐって下りていくたびに、「ああ、今日もきれいだな」と思ったものです。あの時だけは「居残りは最高だ」と思いました。他のことは何も覚えていませんが、この光景はさみしいけれど、忘れられません。

先生の一言で高校進学を決意

中学は地元の公立へ進みました。私の記憶には同級生のことはありますが、小学校の先生のことも中学校の先生のこともすっかり抜け落ちています。ただ中学三年生の時の担任の先生の言ったことは忘れられません。「おまえは頭が悪いから、卒業したら八百屋になれ」と言われたのです。いまなら差別発言でしょうが、当時はそういうことを言う教員は珍しくありません。ところが、それを聞いた私の親が怒りました。当時、三割から四割くらいの同級生は中卒で就職し、残りの六割くらいが高校を卒業して就職。大学まで行くのは一割から一割五分くらいだったと思いますが、その先生の一件があったため親が「高校に行け」と言い、私も中卒で就職する気がなくなり「高校に行きたい」と思うようになったのです。「私立でもどこでもいいから高校に行ってやる」「馬鹿野郎。いまに見てろ、いつかひっくり返してやるからな」と思ったのです。そのハングリー精神がいまにつながっています。

私は中京高校商業科（現在の中京商業高校）に進むことになりました。私立は授業料が高いため、できる子どもは県立に行くのが普通でした。二人の兄は理数系で私と違い成績がよく、県立高校に受かっていたのにお金がなかったために行けませんでした。他の兄弟も公立高校に受かったのに私だけが私立でした。私だけできが悪かったのです。あの頃は、お金持ちで優秀な子もいれば、貧しくて弟や妹の子守りをしなければいけないからと、中学校にも来られない子もいました。

小中学校でトップクラスにいた同級生たちは頭がよくてスポーツもでき、女の子にモテていました。いい高校に行きいい大学に行った彼らは、社会人になってからもそのまま難なく過ごせたはずなのに、どういう訳か中途退職をしたり、会社のトップクラスになってから屁理屈をつけて辞めてしまったりと、ドロップアウトするケースが案外多かったのは不思議なことです。総じてあまり出世もせず、いまでは特に生きがいもなく、ぼさーっとしたまま老いてしまっている人が多いような気がします。

その一方で、当時からひどく貧しい暮らしをしていた子ども達もまた、あまり出世していないようです。あまりに貧しいとチャンスが限られてしまうために、そこから抜け出すことができないのでしょうか。可哀想ですが早逝した人も多いように感じます。現代はお金があれば塾へ行き、家庭教師を雇ってある程度までなら成績を上げることができます。その意味では成績も買える時代です。しかし当時はそんなことはありません。地味に見えても、こつこつやってきた人たちが一番充実した日々を送っているように私には見えます。

いずれにしても中学三年の担任の軽率な一言で高校に行くことになり、そのことで私の人生は大きく変わりました。

スケート部を立ち上げる

高校は小中学校とは全く違う世界でした。私が通うことになった岐阜県瑞浪の中京高校は、昭和三八年（一九六三年）に開校したばかりで、私達は第一回生でした（野球で有名な中京高校と名前は似ていますが全く別の高校です）。特進クラスという優秀な生徒だけを集めたクラスもありましたが、それ以外は県立高校を落ちた落ちこぼればかりが集まっていました。高校で私がまず学んだのが「ケンカは先手必勝」ですから、後は推して知るべしです。四分の一くらいの学生は途中で学校に来なくなりました。どこかでたまたま会って「お前どうしたんや？」と聞くと、「高校を辞めて夜間に行っとる」といった具合です。当時は夜間部に通っている学生は少なくありませんでしたが、そのほとんどが昼間仕事をしている人が中心で、全日制に通えるのに夜間部に行く学生は稀だったと思います。

高校に入ってからも相変わらず勉強はしませんでした。頭のいい妹に宿題や面倒なことは全て任せ、試験の時にはどうやってカンニングするかということばかり考えていました。それでも先生方は勉強のことでやいのやいのと言いません。むしろ「クラブを頑張れ」と励ましてくれる先生ばかりでした。そんな先生の言葉に「何かスポーツをやらなきゃいけない」と思いました。初めは得意だった野球をやろうと思いましたが、野球部にいるのは上手い奴ばかりです。私の力ではいくらがんばってもレギュラーになれないのははっきりしていました。

当時、私達の少し上の世代に鈴木惠一というオリンピックのスピードスケート選手がいました。昭和三九年（一九六四年）のインスブルックオリンピック五〇〇メートルで五位入賞、世界大会で優勝という華々しい成績を納めていました。期待されながら三回出場したオリンピックではいずれもメダルに届かず、悲運の選手として知られることになる選手です。私はこの鈴木選手に影響を受け、一年生の終わりに同級生を何人か集めてスケート部を作ることにしました。第一回生ですから、クラブの数が少ないということもあって、学校はすぐに新しい部を認め、援助もしてくれました。私達は夏休み中に土方のアルバイトをしてスケート靴を買いました。

スケートに打ち込んだ高校時代

キャプテンは私が務めることになり練習が始まりました。朝昼の練習こそしませんが、放課後は最終電車に間に合う時間まで毎晩練習し、家には寝に帰るだけ。テストの期間だけは明るいうちに帰れて嬉しい、という生活になりました。かなりのめり込んだわけです。スピードスケートは夏が勝負です。夏の間に筋肉を作っておかないと冬のレースで勝負になりません。そこで二年生の夏休みになるとコーチを頼み、霧ヶ峰高原と根の上高原の二カ所で合宿をやりながら、かなり厳しいトレーニングをしました。つづれ織りに登ってくるバスと競争して山道を走り、バスに抜かれたらペナルティーがあるといった具合です。秋には学校のクラブ対抗リレーで硬式野球部とスケート部がトップを競うようになっていました。冬には大学生と白樺湖に合宿に行きました。合宿費の工面は大変でしたが、夏にアルバイトをして稼いだり親の脛をかじってまかないました。そんなふうに一生懸命にやっていたからでしょうか、高校時代は女の子にモテていたような気がします。

同級生の女の子と付き合っていて、校内では教師も含めて、私達のことを知らない人はいないほど有名でした。高校は共学でしたが、当時は男子クラスと女子クラスははっきり分かれていました。修学旅行でバスや電車に乗っても前と後で男女が分れていた時代ですが、クラブ活動を通じて知り合った女の子でした。彼女のことを思って「一位を取らなきゃ」とがんばったのは懐かしい思い出です。

白樺湖の合宿で、私達がバンガローに宿泊していた時のことです。横浜の女子高生がやってきて知り合いになり、そのうちの一人の子としばらく文通をしていたことも思い出します。

やがて、私は長距離でそこそこの強さを発揮するようになっていきました。クラブとしての成績は県で四位か五位でしたが、私達の卒業後、一時期はインターハイの常連校になったくらいです。いまでもときどき国体に出る後輩がいるそうです。

学校から「新しい部を強くするために」と言われ、私達があちこちの中学に行って優秀な生徒をスカウトしたこともあります。高校生が中学校に行って、「授業料を半分免除するから、うちの高校にきてくれないか」と言うわけです。いまではとても考えられません。そんな大らかさで、私達がやりたいことを励ましてくれた先生が何人もいました。そのことが私を成長させてくれたのは間違いありません。

レギュラーになれなかった人の強さ

不思議なことですが、高校時代にレギュラーだった人よりも、レギュラーになれなかった人の方が社会人として成功しているように思います。高校野球を見ていても、学生時代に一度スターになった人は社会人になると案外弱いようです。全員がそうだとは言いませんが、そうした傾向があるような気がします。試合に出られなかった悔しさの反動が、社会人になってから発揮されるのかもしれません。私は野球をやっている私の子どもに、こんなことを言ったことがあります。

「野球の試合に出られるのは九人しかいない。だから、ベンチにいる人は悔しい、悔しいと思う。それが一番大事なんだ。悔しいと思っている時はいろいろ考える。どうやって上に上がれるか考えざるを得ない。学生時代は補欠でも、社会人になれば、みんなまた一からのスタートになる。一緒に始めるという意味で平等になる。その時に悔しさが爆発する人の方が成長していく可能性が高いんだ」。

高校時代に「どうしようもない」と言われていたけれど、いま成功している同級生を私は三人知っています。もちろん本人が努力したからですが、その努力の裏に「悔しさ」があったと私は思っています。いろいろな人の一生を見てくると、しみじみと人間はどこでどうなるかわからないものだと思わざるを得ません。

四年間は社会のことを知るために遊ぼう

スケートにまみれた高校時代が終わりに近づき、就職先を決めなければならない時期になりました。当時の日本では繊維業界に勢いがあり、就職先としても人気がありました。しかし岡三証券に進んだ先輩に「これからはどの業界がよさそうですか?」と聞くと、「繊維はもうあかんぞ。これからは薬品関連がいい」と言われました。この一言で私は薬品関連の会社を目指すことにしました。といっても就職試験を受けたのは、のちに就職することになるD薬品一社だけ。一〇人くらいの希望者の中で私だけが受かりました。自力でスケート部を作り、キャプテンを務めたことを評価されたからだと思います。

私が入社した昭和四一年(一九六六年)は、それまでの経済成長が鈍った不況の時期でした。再び高度経済成長が始まるのは、私が入社してしばらくしてからです。数年後には毎年倍倍ゲームのように売上が上がっていくのですが、当時の私はそんな時代が来るとは知りません。入社すると名古屋にあった賄い付きの社員寮に入りました。まだ何も仕事はできませんが、なんとなく「社会人の東大を出よう」と思っていました。いまから思うとよくわからないことですが、要は「社会人として一番になろう」というようなことを考えていたのです。「そのためには、大学と同じように、四年間は徹底的に遊び、社会のことは何でも知らなければいけない」と決めました。貯金はしないと決め、飲んだり食ったりと徹底して遊びました。給料をもらっても三日も経てばなくなるので、毎月のように上司にお金を借りました。

その一方で就職した途端に体調が悪くなり、それまで引いたことがなかった風邪を引いたりしました。スケート部は卒業直前の二月まで大会があったため、朝昼晩に体を動かしていたのに、急にやめてしまったからだと思いました。このままではどんどん体力がなくなっていく。インドアスポーツでもいいからやろうと、偶然目にした東海ジムというボクシングジムに入ることにしました。

ボクシングにのめり込む

会社が終わるとすぐに自転車でジムに通う日々が始まりました。強くなりたいと、毎日走りシャドウボクシングに打ち込みました。手が折れるくらいサンドバッグを叩くため、拳にテープをきつく巻きました。いまでは拳もだいぶ綺麗になりましたが、当時はタコだらけ。スピードスケートとは使う筋肉が違うため、太かった足はあっという間に細くなっていきました。それでも体調は戻ってきました。ジムにはたまたまフライ級チャンピオンだった塚本さんという人がいて、スパーリング相手になってくれたり、ずいぶん指導してくれました。スパーリングで鼻が曲がることもありましたが鼻血が出るとすごく気持ちがいいということを知りました。顔を腫らしたまま営業に行ったこともあります。

ある時、道を歩いていると「危ない！」という声がしたので、反射的に振り向いて構えたら、バスがそこまで来ていたことがあります。瞬間的に構える体になっていたわけです。仕事をやりボクシングをやり、むちゃくちゃ遊びまわる。若いからこそできたことですが、高度成長期の走りの時期で、まだ時間に余裕があった時代でもありました。

人に勝つより自分に勝て

ボクシングがだんだん強くなり、ついにはプロテストを受け、四回戦ボーイまでいきました。リングにはなかなか上がらせてはもらえませんでしたが、ボクシングから学んだことはたくさんあります。ボクシングの試合では、セコンドがいくらいいことを言っても、自分がやらなければ勝てません。自分が負けだと思ったらその瞬間にもう負けです。相手に勝つ前に自分に勝たないと試合には勝てません。「人に勝つより自分に勝て」という人生の基本が、文字通り身に沁みたのです。

営業も同じだと思います。営業マンなら誰でも、「今日は得意先に行きたくないな」という日があります。本当は今日中に三カ所回らなければいけないのに、二カ所は行ったけれど、もう一カ所はどうせ先生は会ってくれないから行きたくないと思ったりします。そんな時私は、「行かないと自分に負けることになる。もう一軒だけ行こう」と思い直して訪問しました。先生に会えようが会えまいが、玄関を入って行ったのです。営業ではこれが大事なことです。それがなければ絶対に新規の開拓はできません。

人間は楽な方へ楽な方へと行きたがりますから、行くというルールを一回でも破ると次の時にもまた破り、結局、中途半端なことになってしまうのです。私も一度だけ営業に行かずに会社に戻ったことがあります。鼻唄を歌いながら戻りましたが、心の中では「自分に負けた」と思っていました。

新規開拓をやっていれば全く駄目な日もありますが、そんな時はボクシングの試合のことを思い出し、「人に勝つより自分に勝て」と言いながら、繰り返し繰り返し訪問し、最後には必ず注文を取りました。営業マンは絶対に自分に勝たなければいけません。負けたと思うと、全部の営業で負けてしまいます。行くのがいやだと思った時にはむしろ鼻歌でも歌いながらその病院に入っていく、これが大事なのです。

以前にも書きましたが、営業で先生に断わられた時に絶対にやってはいけないのは、そこで諦めることです。しつこく通えばどんな人でも必ず一度は怒ります。でも、「いい加減にしろ！　もう来るな！」と言われた時こそ、(勝った) と思う。「アイツ、また来やがった！」と怒るのは、こちらを意識しているからです。その場で恐縮したふりをしながら、内心では (これで勝てる) と思わなければいけません。叱られたからと諦めてしまったら、それまで通った意味がありません。ここで行くかやめるかが、人生の分かれ道です。何があってもまた行って、ただ名刺を置いてくる。「あいつはしょうがないヤツだなあ」と思われれば、それでいい。「おまえには負けたよ」と言われるまで続ける。これが人に勝つより自分に勝つということです。

仕事で嫌なことがあると、私はいつもボクシングの試合のことを思い出します。私が営業に成功できたのは、ボクシングで学んだことも大きかったと思います。

車にアマチュア無線機を積んで

ボクシングを四～五年で辞めると、次にアマチュア無線を始めました。当時はアマチュア無線が流行りで、なかでも「二メーター」と呼ばれていた弁当箱を小さくしたようなアマチュア無線（一四四メガヘルツ帯用）車載無線機が格好よく見えたのです。経済が急激に成長し、誰でも車に乗れるようになってきた時代です。会社で車を買ってくれ、営業で使った分の燃料代はキロ単位でもらえました。最初の車はサニーＧＸで三〇万円くらいだった記憶があります。その後はキャビンに乗り換えました。そんな新車にアマチュア無線機を積み込んで、ドライブに行って交信をするわけです。

例えば、道がわからなくなった時に、「関東のＪＡ１のステージ、誰か取れますか？」「JA1のステーション、ありませんか？　いまスキーの帰りで渋滞していま す。どこか抜け道ありませんか？」などと発信すると、誰かが「○○町の信号を左に 曲がってこう行きなさい」とか「しばらくそのまま走ってください」などと返事が 返ってきました。

エンジンルームにスピーカーを付け、トンネルに入ったらマイクで、前の車のナンバープレートの番号を言いながら、「そこの車停車しなさい」と覆面パトカーのマネをしたこともあります。その車が止まっても、知らんふりをして通りすぎる遊びです。トンネルの中だとヘッドライトしか見えないのでバレません。

観光地の駐車場に車を置いて、トランシーバーだけを持って高いところへ登り、スピーカーから「そこのお姉ちゃん、こんにちは」なんて呼びかけてびっくりさせる、といった悪戯をしたこともあります。

昭和四五年（一九七〇年）の札幌冬季オリンピックの少し前からスキーが流行り始めると、これもやってみました。一度行ったら少しも滑れなかったので、むかついて練習しました。その甲斐あって一年経つ頃にはスキー検定の二級に合格し、春スキーも夏スキーも、雪があればどこにでも滑りに行くようになりました。夏場はタイヤにチェーンを早くはめる研究をしました。いろいろな人にも聞きまわり、ジャッキアップしないでチェーンをはめる方法を考えつきました。会社の女の子を連れて行き、みんながモタモタしている中で「チェーンはこうやってはめるんだ」と私だけサッと巻いて見せたりました。

日本は完全に高度経済成長に入り、私の会社も好景気に沸いていました。

ヨットを買う

アマチュア無線でやり取りをしている中で、たまたまある刑事さんと親しくなりました。頻繁に交信をしているうちに、いつの間にか一緒に飲むようになったのです。よく行ったのは、何かの事件で知り合ったというママのいる店でした。

そして何がきっかけだったのか忘れましたが、中古のヨットを買おうという話になりました。小型船舶の免許を一緒に取りに行き、ママも巻き込んで三人で一九フィートのオフスプレンダーというヨットを買いました。ママは免許を持っていませんから、管理は刑事さんと私がすることになりました。

遊びで買って乗り回しただけですが、これが意外なところで役立ちました。第一章で書いたことですが、ある病院に営業に行った時に「YAMAHA（ヤマハ）」のロゴマークを付けた車があった話です。その時、先生はヨットかボートをやっているなとひらめいたのは、私自身がヨットをやっていたからです。

「先生、ひょっとしてヨットかモーターボートに乗っとる？」「なんでわかった？」「何言っとる、先生。ヤマハの車がしょっちゅう止まっとるがね。いや、実は僕も小型船舶免許を持っています」「足立君、今度一回海に行こうか」と、トントン拍子に営業が進みました。

その後、先生は若い事務職員を連れてきて、「足立君、悪いけどこの子にモーターボートを教えてやってくれ」と言われました。従業員が一人でも小型船舶免許を持っていれば、福利厚生費としてモーターボード代を落とすことができるからです。私は、その職員が実技試験を受ける前に四～五回教えに行き、無事に合格させました。その先生が鳥羽に一緒に行こうというので、浜名湖から鳥羽まで行ったこともあります。私はアマチュア無線の資格も持っていましたから、無線機を積めばハーバーと連絡もとれます。トラブルで帰港時間が遅れたりした時に、便利だったのだろうと思います。

もう一人、やはり船を持っていた先生がいましたが、この先生は私がいないと絶対に海に出ませんでした。操縦に自信がないからです。一度、「そっちじゃないですよ」と言ったのに座礁したことがあります。私は泳ぎは得意ではありませんが、海に入り、タンカーに引っ張ってもらってなんとか脱出しましたが、血だらけになりました。

この先生は女の子と一緒に飲める店が大好きで、船に乗る時も必ず女の子を連れてきました。化粧を落としていても雰囲気で飲み屋のお姉さんだということはわかります。お姉さん達の前で操縦して格好いいところを見せたいのですが、下手なのでそうはいきません。私がいないと困るわけです。私もそこは心得ていて、私がボートフックをパッと引っかけて、「先生、上手だね～」と声をかけてあげたりしました。

ただ、トイレが付いてないので、女の子が催したら「ライフジャケットを着て、海でしてこい」と言うと、縄に掴まって船縁からやっていました。そんなふうに船で一日遊び、食事もおごってもらって薬の注文がもらえるわけですから、こんなにいいことはありません。この頃は日焼けで真っ黒い顔をしていました。

刑事さんと二人で、調理師免許を取りに行ったこともあります。刑事さんが「足立君、調理師の資格を取ろうか」「いいねえ～」。取る理由は特にありませんが、なんとなく行くわけです。それでもサラリーマンはいつクビになるかわからないので、資格があればいざという時にも食っていけるかなあくらいのことは思っていました。

さっそく受験資格を調べてみると、飲食店などで実務経験が必要だというので、例のママの店で働いていることにして国家試験を受けました。食品衛生法や公衆衛生法などの六科目の筆記試験ですが、何点以上が合格かわからないし、大根の千切りと言われても全く知りません。仕方がないから、営業の鞄の中に問題集を一冊入れておいて、待たされている時にそれを見て覚えました。そうしていると、どれだけ待たされても苦になりません。寮や会社には別の問題集を置いて見ていると、重複する問題がわかってきてだいたいできるようになりました。これも一発で合格しました。

お花を始める

ボクシング、アマチュア無線、ドライブ、スキー、ヨットをやった後で、次に選んだのはお花でした。さんざん「動」の遊びをやったので、「静」のことも何かやってみたいと思ったのです。お花なら、年を取ってからでもできるだろうと思ったのも理由の一つです。お花の免状を取り、定年後は師範として教えるのも面白いだろうと。さらに、「もしも」の時のことも考えました。高度経済成長のまっただ中ですから、製薬会社が潰れるとは思いませんでしたが、合併が急速に進んでいたので、万が一職がなくなったら、ということも頭をよぎりました。サラリーマンをしていると、何も資格がない自分になんとなく不安を感じることがあります。調理師免許の時もそうでしたが、何か資格が欲しくなるのです。だから社会保険労務士を取ろうと思ったこともあります。

お花を始めるのは、ボクシングジムに入るよりも度胸が必要でした。みんなにバレれば何を言われるか。「どうせ、女を引っかけにいってんだろ」くらいのことを言われるのは間違いありません。週末は相変わらずドライブやスキーに行くので、お花の稽古は平日にしました。しかし仕事が終わった後で通うのは大変で、一度挫折しそうになったことがありました。師範になるためには学科試験と実技を受けなければならないのですが、そうそう時間が取れません。師匠からは「辞めるなら辞める、来るなら来るではっきりしないと困る」と言われ、「これまでやってきたから、師範の免状が取れるまでやろう」と決めて試験を受けることにしました。

実技の最後は京都の建仁寺に泊まりがけで行き、花を生けることでした。全国から多くの人が試験を受けに行くわけですが、男は私一人。女性ばかりの部屋で眠ることになり、夜中にトイレに行くのに女性を跨いでいかなければならないのが一番嫌でした。同僚には免状が取れてから打ち明け、時々社内で花を生けたりしました。仕事が忙しくなると生ける時間がなくなりますが、それでもお正月だけは早く出勤して生けたものです。いまでも菊を買ってきて生けたり、年末には山に松を取りに行って生けたりしています。

私は、「これだ!」とひらめいたことは何でもやらないと気がすまない性格です。でもミーハー的にちょっとやるだけでは、誰も認めてくれません。調理師でも中途半端にやっていれば、試験に滑って馬鹿にされるだけです。しかし、きちんと資格を取れば馬鹿にする人はいません。だから、どんな資格でも試験を通るまでは、みんなに黙ってコツコツやってきました。

養子として農家の一人娘と結婚

仕事も遊びも思う存分やってきた私ですが、三〇歳を超えた頃にそろそろ結婚したいと思い始めました。女性にもてるほうではありませんが、それまでも付き合った人はいました。しかし縁がなかったのか、不思議に結婚まではいきませんでした。そんな時に家族が心配してお見合いを勧められました。そこで親戚が持ってきたお見合いをし、その一回で決めました。

相手は農家の一人娘で五つ年下でした。ご両親は自分たちの代で農業は終わりと思っていたのか、「農家は継がなくてもいいので養子に入ってほしい」ということでした。私の親も実家の近くにいてくれればと、養子になることを反対しませんでした。相手の家は私の実家から車で二〇分くらいなので、安心したようでした。

結婚して名古屋の社員寮から妻の実家に引っ越すと、会社まで片道で一時間ちょっとかかります。終電は一〇時すぎに終わるので、接待などで飲むと名古屋に泊まることが習慣になりました。最初は駅まで妻に車で迎えに来てもらっていたのですが、接待は何時に終わるかはわからないので、妻も落ち着きません。泊まった方が互いに安心していられるからというのが理由でした。

やがて四人の子どもが次々に生まれ、一時期は祖父母夫婦、親夫婦、私達若夫婦六人と子ども四人の一〇人が一緒に住むことになりました。毎日一升五合の米を炊き、家族が全員揃う週末には二回に分かれて食べたり、立って食べたこともありますが、私は全然気にしませんでした。

日曜日や休日は家の農業を手伝いました。大変な仕事ですし初めてのことですから、「百姓をやらされている」と思えばできません。何か新しいスポーツをやっているようなつもりになりました。体を動かすことは好きですから、そう思えば苦になりません。田植えが始まる五月から稲刈りの終わる九月まで、土日は百姓仕事をしました。

近所はどこも農家で、多くの家で牛を飼っていましたから、仔牛が生まれる時には手伝いにも行きました。陣痛が来て出てきた仔牛の足を紐で縛り、みんなで引っ張り出すのに人手が必要なのです。無事に生まれると親が胎盤《たいばん》を舐《な》めてきれいにしてやり、三〇分もすると仔牛が立ち上がる。そんなことが新鮮でした。

長女の婿ですから、地区のいろいろな寄合や会合にも出ました。出なければ隣近所の名字も名前もわかりません。子どもの運動会に行っても知り合いはいません。そんな時だけは少しさみしい思いがしました。それでも、草野球チームに入ってピッチャーでそこそこの球を投げたり、スキーの大会に出ているうち、だんだん顔馴染みができるようになりました。少しずつ顔が繋がり、五〇歳の少し前には区長もやりました。

父と母のこと

本章の冒頭にも書きましたが、私の父は宮大工の棟梁でした。独立していたのではなく、近所の製材所と建築をやっている会社で働いていました。真面目一徹で、いい加減なことをするとすぐに怒られました。その分奇麗《きれい》な仕事をやっていたからでしょう、寺社ばかりでなく学校や農協などかなり大きな仕事を受ける地元では評判の棟梁《とうりょう》でした。当時まだ少なかった、二級建築士の資格を持っていたことも評価されたようです。酒を飲まなかったので、仕事が終わってからコツコツ勉強して取ったのだろうと思います。

大工は朝早くて帰りが遅い仕事です。日曜日も休まず、休みは盆と正月くらいでしたから、父としゃべった記憶はほとんどありません。その父は私が就職して六年目、二四歳の時に交通事故で急に亡くなりました。私が発注のために会社に電話をすると、「すぐに会社に戻れ」と言われ、「何かおかしいな」と思いながらすぐに帰社すると、父が助手席に乗っていた車が他の車にぶつけられ、下敷きになったということでした。

六四歳でしたからまだ当分現役を続けようと思っていたはずですが、子どもを育てあげた途端に亡くなったようなものです。父は三人の息子の誰にも「大工を継げ」とは言いませんでした。私が一時期「継いでもいいかな」と思い、チラッとそう言うと、「お前は自分の選んだ道を最後までやれ」と言われました。大工は自分一代だと思っていたのでしょう。父のことではっきり覚えているのはそれくらいです。

母はおしゃれで綺麗な自慢の母親です。どんな時でも温厚で怒ったことがなく、いつもニコニコしていました。父が急に亡くなって大変だったはずですが、そんな中でも笑顔でした。晩年に認知症になってから四～五年は姉たちが面倒を見ていましたが、病院だけは必ず私が連れていきました。眼科に行くと言っても私が行きました。認知症にはスキンシップが大事だというのでわざといろいろなことを聞き、笑顔になるように接していました。亡くなる時はご飯を食べなくなったので、もう点滴は止めてくれと頼み、最期はスーッと逝きました。八四歳でした。

中学校くらいの時だったでしょうか、勉強を少しもやらない私に、母が「お稲荷さんに行き、東を向いていつも拝みなさい」と言ったことがあります。その日から私は、毎朝東の空に向かって「行ってきます」「よろしくお願い致します」と言って拝んでいます。出かける時に「勝負の世界で今日一日頑張ってきます」と敵陣に乗り込むような思いで営業に行く時もあります。帰ってきたら、今度は「ただいま」と言ったり、「今日も一日頑張ってきました」と言ったりします。母がなぜそんなことを言ったのかはわかりませんが、そうすると何となく落ち着くのです。

私の一本気なところは父親に、人の良さは母親似だと思います。

子ども達のこと

サラリーマン時代の私は、子どもが寝ている間に出かけ、寝てから帰ってくる生活でした。帰宅時間もばらばらです。接待は木曜日と金曜日が多く、週末もゴルフの接待をして一四日間連続出勤ということもありました。男の子が三人いてもほとんど会えず、母子家庭のような時期もありました。週末家にいる時も義父母の農業を手伝っていましたから、子ども達を遊びに連れて行くこともそうそうありません。

それでも稲刈りが終わる一〇月から翌三月までの半年くらいの農閑期には、妻と子どもを連れてヨットに乗りに行ったり、スキーに連れて行ったりしたことがあります。夏休みには朝早く起きて潮干狩りに行ったり、半日休んで昼から一泊で泊まりに行ったこともあります。そういう意味では家族に対してもマメだったとは思います。ただ、どこに行っても、だいたい私一人だけ車に残って寝ていました。子どもが高校野球を始めると、運転手としてみんなを連れて試合に行ったこともありますが、球場に着くとやはりワゴン車の中で寝ていました。それが唯一の休憩時間だったのです。

その一方で、中学一年から高校三年までの三者懇談だけは、スケジュールを合わせて全て私が行きました。三者懇談では進路や将来のことを話すので、男親が行かなければいけないと思ったのです。当時、高校の三者懇談に男親が出るのは珍しかったでしょうが、そういう時こそ男親の出番だと思っていました。高校を選ぶ時、妻は最下位になってもいいから、ちょっとでも良い高校に行かせようと考えていました。私はレベルを一つ落としてでも、子どもが学校生活を楽しめる高校の方が良いと考えました。その方が自信が付く可能性があるし、本人も気楽だいうことを知っていたからです。

私は小学校でも中学校でも、一回レッテルが貼られるとずっとそのまま引き継がれるという経験をしました。「あの子は悪い」というレッテルが貼られると、いくら頑張ってもそのレッテルを剥がすことはできません。逆に、一度「いい子」と言われれば、ずっと「あの子は優秀だ」と言われます。私が高校で頑張れたのは、レッテルが何もないところからスタートできたからです。

父親として経営者として

多少勉強ができるからと有名な進学校に行けば、親は自慢できるかもしれません。しかし、真ん中より下の成績にいれば、毎日の生活が面白いはずはありません。一ランク落とした高校に入ったほうが、伸び伸びやっていけるはずです。部活も楽しくできるでしょう。その学校でトップクラスになれれば、大学進学で指定校推薦がもらえるかもしれません。いい高校を狙って落ちたら本人は辛いだけでなく、別な高校を受け直して合格しても中途半端になりやすいとも考えました。有名校に入れるのは親の見栄です。高校くらいは伸び伸びした方がいいというのが私の考えです。

進学校に行こうとそうでなかろうと、高校を出てからどうなるかなんてわかりません。大学に行っても就職先がどうなるかはわかりません。それなら下を向いて高校へ行くより、有意義な高校生活を過した方がいいと思ったのです。

私は小学校の時も中学校の時も、成績について子ども達に何かを言ったことはありません。通知表が多少悪くても、「社会人でトップになればいいじゃないか」と言っていました。学校は社会に出るための準備だから、それでいいと思っています。社会人になれば、結局は自分が頑張れるかどうかが問題になります。どういうチャンスがあるかわかりませんし、努力なしの成功は絶対にありませんから、社会に出てから頑張れるような準備ができればいいと思います。

私はこうした判断をするのが父親の役だろうと思いました。三人とも男の子ですから、男親が行けば子どもも何か違うと感じ取るはずだと思いましたし、担任の先生の目も違うだろうと思いました。

私の考え方が正しかったかどうかはわかりませんが、子ども達はみんな無事に就職し、結婚をし、孫も生まれました。しばらくはそれぞれ会社に勤めていましたが、いまでは私の会社の社員として事業を手伝ってくれています。

私は自分では幸せな方だと思っています。人生として悔いはありませんが、まだできるとも思っていますし、これからもやり続けるつもりです。

第五章

経営の極意は「感謝」にあり

会社を辞める

二〇〇〇年八月三一日、私は五三歳の時に会社を辞めました。「まえがき」にも書いたように、特別な理由があったわけではありません。ただ、一つだけ小さな小さなきっかけがありました。辞めようかと思っていた頃に、元の上司が私の営業所に来て悪口を言って帰ったと部下が教えてくれたのです。私がずいぶん尽くした上司で、営業の数字を作ってあげたこともありましたし、顔を立ててあげたことも何度もあった上司です。それなのに悪口を言いに来たと聞いて、「これはいいきっかけになるな」と思いました。どんなことでもいい、ちょっとしたことがあったら辞めようと思っていましたから、「辞めるチャンスだな」と思ったわけです。「辞めることでまた違う人生が開ける、これは神様の思し召しかもしれない」と。

この小さな出来事が最後の火をつけたような気がします。部下はまさか私が辞めるとは思ってないので、びっくりしていました。ライバル会社の人達も一様に驚きました。部長に辞表を出してから、いろいろな人が止めにきて、結局、辞表が受理されたのは一〇日ほど経ってからでした。

退職が決まっても会社には行かなければなりません。先生にも会いにいかなければなりません。しかし、もう仕事らしい仕事はできません。毎日その一日の時間を潰すのが大変でした。考えてみれば、サラリーマン時代を通じて、この時期が一番辛かったのかもしれません。最後の日、社長を始め、関係者全員に挨拶に行きました。それが終わって帰る時に「ほっとした」と以前に書きましたが、本当はこの時のことはあまりよく覚えていません。ただ、やるだけのことはやったという満足感はありました。

そう思ったということは、やはり会社で突っ張って生きてきたのだと思います。私は「これでもか、これでもか」と自分を追い込んで仕事をしてきました。ダラッとしている男を見ているとムカつきましたし、自分を守ろうとして匙加減をして仕事をする人を見ると我慢できませんでした。いまから思うとかなり尖っていたと思います。

「C社のヤクザ」と呼ばれて

所長の時代の私は朝六時半頃に起き、朝ご飯を食べて七時半には出かけました。会社には皆より少し早く着き、トイレ掃除を終えてから仕事に取りかかります。夜は毎日のように接待で飲むので、何時に帰れるのかわかりません。店にビール瓶を何十本もダーッと並べるようなことが快感でした。午前〇時はザラで、自宅に帰らずに名古屋市内に泊まることも頻繁でした。今日は早く帰ろうと思っても、製薬メーカーの担当者から「今日空いてる？　ちょっと飯を食いに行きましょう」と連絡があれば絶対に断りません。いまでも悪い癖だと思いますが、手帳が空いてると「はい、わかりました」と予定を入れてしまうのです。嫌とは絶対に言わない、合併してから辞めるまでの一五年くらいはずっとそういう生活でした。さすがにそこまではやっている課長は他にはいません。

「このままだといずれ体を潰すな」とも思っていました。少し仕事をセーブし、休暇を取りながら仕事をすればいいのかもしれませんが、私にはそういう仕事のやり方ができません。中途半端なことができない、やるなら徹底してやらなければ気が済まない性格なのです。負けず嫌いですから、五〇歳を過ぎてからも喧嘩ばかりです。ライバル社の営業から電話がかかり、帳合（注文）を取った取らない、値段を切ったか切らないかと喧嘩になり、最後は「馬鹿野郎！」と電話を切ることもしょっちゅうありました。部下が他社の営業マンから文句を言われるのを聞いているだけで腹が立ち、受話器を奪い取って、「誰に文句を言っとるんだ！　なんでお前らに言われなあかん！」と喧嘩になったこともあります。他の会社の営業からは、「C社のヤクザには電話したくない」と言われました。私は「C社のヤクザ」と呼ばれていたのです。

土方の暮らしも悪くない

当時、かなりギラギラしてきつかったのは、そうしないと売上が上がらなかったからですが、一方で、「五〇を過ぎてこんなことを言っとっちゃあかんなあ」と反省したものです。

自分との厳しい戦いをずっとやってきた、もうこれ以上はできないというところで自分と闘ってきました。だから、「ここで小休止」と思って会社を辞めたのだろうと思います。こうした毎日が年齢的に辛くなってきたということもあったのかもしれません。四人の子どもに一番お金がかかる時期ですが、一年くらいは失業保険で過ごせばいい。とりあえず辞めて肉体労働でもやろう。朝八時に工事現場に行って夕方五時に終わる、そういう生活もいいかなと思っていました。

辞表を出してから、家族に「会社を辞めた。当分は失業保険で食っていく」と伝えました。妻はしばらく口をきいてくれませんでした。事前に一言も話さなかったので無理もありません。高校生と大学生だった息子たちは「不景気なのに」とは言いましたが、それ以上は何も言いませんでした。同居していた義理の両親も何も言いません。農家なので食うだけならなんとかなるだろうと思っていたような気がします。

調剤薬局をやると決める

会社を辞めてから、私は以前から密かにやってみたいと思っていた、竹炭焼きを始めました。窯に火を点けると二四時間は開けられません。質のいいものを焼くのは簡単ではありませんが、根が凝り性なので毎日焼きました。かなり上質な竹炭ができるようになると、かぼちゃやバナナを焼いて変わった炭も作りました。一時は、こうした特殊な焼き炭でビジネスをやろうかなと考えたこともあります。

そんなことをしていると、退職金はあっという間に無くなっていきます。民間企業の中途退職なので、もともとたいした額ではありません。子どもの学費もあるからどんどんお金が出ていき、ついには自分の生命保険を解約することになりました。

辞めてしばらくした頃、私の後任の支店長を通じて社長に呼び出されたことがあります。車で来た社長に「一緒に飯食おうか」と誘われて行くと、「何もやっていないのなら、戻らないか?」と言われました。「いや、本当にありがたいですが、いま戻るわけにはいきません」と断わりました。

そうやって半年ほど経ったところに、子どもから「お父さん、そろそろ仕事をしたら」と言われました。金がどんどん減っていく不安を態度には出さなかったと思いますが、その息子の一言で、これまでの経験を活かせる仕事をしよう、調剤薬局ならできるだろうと決意しました。ただし、昔のコネは使わない、義理と人情に頼らずにゼロからスタートしよう。そうしなければ成功はないと覚悟しました。

一店舗目の営業

調剤薬局をやるには、どこかの病院やクリニックなどとの連携が不可欠です。以前にも触れましたが、調剤薬局は医師に書いてもらった処方箋の薬を調剤する、病院の外にある薬局です。医師の了解をもらい、病院の近くに土地を探して薬局を建て、患者さんに処方箋を持ってきてもらわなければ成り立ちません。そこで、まだ調剤薬局を持っていない病院に営業をかけることにしました。

私は安い鞄を買い、知り合いに頼んで「ささゆり薬局」という肩書の名刺を作ってもらいました。

ささゆりの花には、小学校の時の思い出があります。毎年六月頃、畑から帰ってくる途中に、いつもささゆりの小さなピンクの綺麗な花が咲いていました。それをハサミで切って家に持って帰ると、ものすごくいい香りがしたのです。根がニンニクのような玉になっているので、私の実家辺りでは花を切って味噌和えで食べてもいました。美味しかった。薬局の名前を考えていた時、その頃のことを思い出して「ささゆり薬局」にしたのです。念のため著名な占い師に見てもらうと、「花があって下に根っ子がある。こんないい名前はないですよ」と言われ安心しました。

名刺を作ったとはいえ会社登録をしたわけではなく、調剤薬局を始めるといっても薬剤師もいません。事務所もないので名刺の住所は自宅、電話番号も携帯電話だけです。いまでもそうでしょうが、固定電話の番号がなければ営業は信用されません。飛び込みで行っても、どこ馬の骨が来たのかという感じです。海のものとも山のものともわからない会社ですから、相手に信用されないのはわかっています。だからといって、五軒も六軒も回って、万が一、五軒ともやりますよと言われても、できるはずがありません。私は病院を絞り込んで一点集中で行くことに決め、他の数件をサブ的に回ることにしました。

開拓精神が旺盛な私ですが、昔から同時に何軒も回らずに、ここと決めたらそこに集中する、喰い付いたら離れないやり方をしてきました。一つに集中して、どうしたらその先生を落とせるかと常に考え続けるのが私のやり方です。その代わり、うまくいくかどうかがわかるまでに、半年かかるか三年かかるかわかりません。先方には何人もの営業マンが来ていますから、他に決まれば私の営業は全く無駄になります。そこは大きな不安です。少しでも経費を減らそうと、下り坂では車のシフトをニュートラルにしてガソリン代を節約するなど、切り詰めた営業を始めました。

データの提供が転換点に

私がここと決めた病院の院長先生は、総合病院の勤務医を経て、前年に三八歳で独立したばかりでした。看護師さんと事務員さんを入れて四人ほどで一般医院を開院しましたが、介護医療について強い関心があり、在宅訪問に集中して病院を展開しようと考えていました。それが私が考えていた方向と重なっていたこともあり、私はこの先生だけを攻め続けることにしたのです。

毎朝七時三〇分に病院の前に待機して、先生が出勤して来たら「おはようございます」と挨拶するところから始めました。それが終わると帰って竹炭を焼くしかすることがありません。時々わざと一二時の診察が終わった頃に行ったりもしました。長い経験から、朝一番と昼頃、土曜日の昼頃は、まず他の営業マンはいないので、この時間を狙ったわけです。手土産を持って行ったこともありますが、第一章で書いたように、バナナ一箱や搾りたての牛乳など、安い物しか持っていきません。営業の資金源がないということもありますが、やはりインパクトと他の営業マンとの差別化を考えたからです。

二、三カ月続けているうちに、少しずつ話ができるようになっていきました。話をしているうちに、この先生は様々なデータをよく分析するタイプだとわかってきました。そこで病院のある市町村を回り、年齢別、男女別の人口統計、介護認定者の人数を調べ、病院のある地域にどれだけの市場があるかというデータをエクセルでまとめて渡しました。先生から見ればどの薬局に任せてもそれほど変わりませんので、私は「この人とやってみたいな」と思ってもらえるかどうかが決め手だと思っていました。それには、どれだけ情報提供ができるかが大きなポイントになると見たのです。

先生は、私がまとめたデータを見るなり「ほお、いいね」と言いました。それを境に、私への態度がはっきり変わりました。私のことを他の営業マンとは一味違うと見てくれたのだと思います。ほかにもこの先生を狙っている製薬会社や調剤薬局があり、その中にほぼ確実と言われていた薬局があったのですが、最後に決まったのは私でした。私の熱意と誠意が伝わったのだと思っています。

結局、最初に訪問してから契約までに六カ月ほどかかりました。ようやく第一号店の目処がつき「有限会社エステー」を設立しました。平成一三年（二〇〇一年）九月一〇日、会社を辞めてから一年が経っていました。

三カ月でオープンにこぎつける

契約が決まるとすぐ先生から「一二月から薬局をオープンして欲しい」と言われました。急いで薬局を建てなければいけないので、不動産屋に行き物件探しを頼みました。ところが一向に動く様子がありません。不動産屋業に事情通の知り合いに聞くと、「足立、領収書はいらないと言って、すぐに現金一〇万円を持って行け」と言われました。言われたとおりにすると、あっという間に探してきました。後でわかったのですが、不動産屋は賃貸物件では賃貸料の一カ月分か二カ月分の手数料しか取れないので、私のように二〇～三〇坪の賃貸物件を坪五〇〇円で借りるような仕事よりも、二〇〇〇万、三〇〇〇万円の大きな物件を優先していたのです。

土地が確保できたら次は建物です。時間がない中でやらなければならないからと足もとを見られて、ずいぶん高い値段になりました。こうしたことの一つひとつが、その後の経営の「勉強」になりました。

その一方で、二名の薬剤師と四名の事務員集めにも奔走しました。薬剤師さんは以前から目をつけておいた方をスカウトし、一二月から働いてもらうことが決まった時点で、それまで勤めていた薬局を辞めてもらいました。薬剤師が一人だと病気で休んだりしたときに困るので、もう一人採用しました。事務員は採用代行業者に依頼して募集しました。ささゆり薬局が募集して書類選考で落としたとなると、田舎では噂になりがちです。それがあとあと悪い影響を与えかねないと思ったからです。

面接は私が直接行いました。不採用にした方への連絡封筒には、五〇〇円の図書券も一枚ずつ入れました。薬局の工事の時も、工事現場の向こう三軒両隣のポストに「ご迷惑をおかけします」というお断りの手紙に連絡先を書き、ビール券を二枚ずつ同封しました。一事が万事ですが、こうしたところでケチると問題になることがあるからです。こうしたことは営業マン時代に学びました。

従業員には二カ月くらい前から研修を行いましたが、土地の賃貸料や建物の工事費、光熱費などいろいろとお金がかかり、それだけで一〇〇〇万円を超えました。コンピュータを入れ、薬の分包機を入れるとまた一〇〇〇万円以上かかります。オープンまで収入はないのに、薬剤師や三〜四人の事務員の給料も払わなければなりません。

しかし、実績がないので銀行は貸してくれません。結局、生命保険を全て解約し、解約金を運転資金にしました。それも無くなって、子どもの通帳を担保にしてお金を借りました。それでも足りず、二カ月で返すという約束で兄と親にもお金を借りました。ビジネスだから親と兄弟にお金を借りてはいけないと決めていましたが、どうしても足りなくて借りて資金繰りに当てました。第三章でも書いたように、開業さえすれば、医療保険で二カ月後には間違いなく国から薬代が支払われます。三〜四カ月後にはお金が回り出し、利益が出てくるのはわかっていたからです。こうして土地探しから建物の建設、薬剤師さん達の雇用などを三カ月でやり遂げ、予定通り一二月にオープンにこぎつけました。

すぐに二店目の営業に

最初の店舗がオープンするとすぐに、前々から目をつけていたもう一つの病院に営業に行きました。まだ一号店の経営も安定しておらず、薬代の入金もない厳しい時期でしたが、ここで手綱を緩めてしまっては今後の成長はありません。数字を上げるには、一つの目標を達成できたら、すぐ次を攻めなければならないことも、これまでの経験から身にしみています。二つ目の病院には一年ほど通うことになりましたが、そこで決まるとすぐに三店目に、さらに四店目、五店目と攻め続けました。ただ店舗数を増やすだけではなく、少しずつでもいいので確実に売上が上がる店舗を作っていくことを考えていました。それは、いかに外来数の多い病院と協力できるかにかかっています。病院が繁盛すれば、私の調剤薬局も繁盛するという構造ですから、まず先生にハッピーになっていただく。そうすると私もハッピーになる。その流れをきちんと作ることで、私の会社の信用もできてくる。そこが一般の薬局と違うところです。

新規開業の病院の場合、同じエリア内に同じような科目の病院が複数あると、患者さんの奪い合いになります。二、三年は赤字になるかもしれません。そこで、一日あたりどれくらいの外来患者数が見込めるのかを調べる診療圏調査を独自に行い、比較的短期間で確実に黒字になることがわかっている病院を狙いました。それでも、一年ほどは患者数が安定しません。ある病院には、「先生、申し訳ないけれど院外化は一年後にして、一年だけ院内で我慢してもらえないでしょうか」と調子のいいお願いをしたこともあります。いまから思うとよくあんなことを言ったものだと思いますが、診療圏調査によって六カ月後には黒字になることがわかっていたからです。一年後に必ず黒字になり、その後も伸びていくのは間違いない病院でした。

この業界では、ビジネスはまず田舎からと言われてきました。薬の点数は銀座の調剤薬局でも私の地元でも一点一〇円です。田舎なら賃貸料も人件費も安いので、それだけリスクは小さくなります。ですからビジネスは田舎からというわけです。

現在、私の店舗では、他の薬局よりもかなり大きな売上があります。同業者からも、ささゆり薬局はいい所ばっかりやっていると言われますが、それには事前の調査があるのです。

独自の調査が私の強み

私の強みは、他社ではできない医療の分析ができることです。例えば、「この地域のここで耳鼻科を開業すれば流行りますよ」と言えます。病院を開業した場合に対象となる地域の年齢別男女別の人口分布を疾病率で割って需要を割り出し、競合相手になる病院の情報など、診療圏調査による詳細なデータを出します。商売の出店調査と同じようなことです。

病院を開院するに当たっては、どこの院長もこうした調査を医療コンサルなどの専門家に依頼します。しかし、そうやって出てきたデータでは、どうしてもわからないことがあります。私は他の業者と差別化するために、例えば、道を歩いている普通の人に聞き込みをしました。男の私が行っても警戒されるので、部下の女性を使って午前中の一一時頃からぶらぶらと歩かせたり、スーパーマーケットで乳母車を引いている人に、「お腹が痛くなったらどこにいきますか」「風邪を引いたらどこにいきますか」といったことを聞かせたりしました。独立後は私自身でやったこともあります。所長時代に病院の立ち上げの際、「足立さん、あそこを調べておいて」とか言われてやっていた経験が、いまの会社で生きています。

調査のポイントはわかっていますから、こうして得たデータを私なりのノウハウで少しアレンジし、「先生、この地域は大丈夫ですよ」と言えるわけです。コンサルは一つの病院を開業させて何百万円といった手数料を取ることもありますが、開院したらいなくなってしまいます。しかし、院外薬局は病院がある限り未来永劫つながっているから一蓮托生です。それが先生からの信頼にもなります。

さらにこの業界には私の後輩が多いので、先生とコミュニケーションを計りながら、必要に応じてさらに専門的な人に引き合わせることもできます。私は調剤薬局だけができればいいので、その先のことは係らずに、専門家にバトンタッチをして全て任せます。結果的に開院までに必要な全てのことをフォローすることができるわけです。

先生とともに規模を拡大

最初の店舗でお世話になった先生の病院が開業して一六年が経ち、いまではデイサービスの従業員も入れると一〇〇人ほどの規模になっています。お陰様で私も一緒に成長でき、先生とはパートナーのような関係になっています。例えば、「足立さん、グループホームをやりたい。ＮＰＯ法人を作りたいから一緒にやりましょう」と誘われることもあれば、先生のところで困ったことがあった時に、私が出ていくこともあります。

まだ病院の規模が小さかった時のことです。職員の中にちょっと変わった人がいて、先生が困っていました。先生より年上の方だから言いにくいだろうと、「私が言ってあげましょう」と引き受けたことがありました。ただし、私が何者かわからないと困るので、事務長の肩書の名刺を作ってもらいました。現在は本当の事務局長がいますが、当時はまだ事務長の役割も先生がやらなければならなかったので、「何かあったら飛んでいくよ」と言っていたのです。

グループホームを作った時の土地交渉も、私が担当しました。医師とはいえ、若い人では地元の方が納得しにくいと思ったからです。ある程度の年配の人が訪ねて、「こういうグループホームを作りますので、ご理解をお願いします」と言うのと、同じことを若い人が言うのとでは相手の受ける印象はかなり違います。

また、整形、内科、デイサービス、薬局などを備えたメディカルゾーン（複合的な医療施設）を作った時には、私の友人や後輩のコンサルティング業者を紹介し、建物の建築からレントゲンやCTの設置、患者さんの動線、看護師さんの募集や面接など、全てをやらせたこともあります。私は基本的には間を繋いだだけですが、新規開業の病院では最初は人間関係のトラブルが起こりがちですから、そういう時の対処などは私がコンサルティング業者に仕込みました。

細かいことですが、経営者としては「タイムカードは登院時でなく制服を着替えてから押す」「プライベートの電話をしてはいけない」といったことを言わなければなりません。医者がそれを言うと嫌われるので、「先生、こういうことを言っちゃ駄目ですよ」と言わせないようにし、その一方でコンサルから言わせるように仕込んだのです。

どんなビジネスでも同じだと思いますが、社長がそこまで言ってはいけないということがあります。その代わり事務長や上司に言わせたり、外部講師を呼んできてやらせたりするわけです。

さらに、「給料は月末締めの一五日支払がいいですよ。月末に金があるのとないのとではキャッシュフローが違う、やり繰りが一カ月違ってくるから」といったことを、私自身の失敗談を絡めてアドバイスしたこともあります。私と先生はこうした「分業」をやりながら、お互いに成長してきました。

無理しても結局は上手くいかない

もちろん最初の薬局をオープンして以来、全てがうまくいったわけではありません。ある先生と一緒に事業をスタートすることが決まった後で、先生から寄付という名のマージンを要求されたことがありました。私はそういうことが大嫌いなので、「やりません」とはっきり言いました。「それでいいんだな?」と念を押されましたが、こんなことを言う先生は駄目だと思ったので、「うちは静かに去りますから、他の薬局を探してください」と撤退しました。「この先生は駄目だな」と思ったら撤退する。経営者には撤退する勇気が必要です。

そう考えるようになったのは、所長として着任した営業所で、薬は納品するのに内金しか払わない薬局があったからです。以前にも書きましたが、この店はなかなか代金を払ってくれません。やめればこれまでの分の代金は回収できても、それ以降の売上はゼロになるからやめられない。担当者もこれまでの付き合いがあるので言い出せない。このままやっていても代金を回収し、その後の売上が上がるなどということは絶対ないと思ったので、契約をやめて溜まった代金の回収をすることを決断しました。部下には他の卸が薬を入れているうちに撤退すれば、債権分だけは回収できるからと伝えました。この時に考えたのが「勇気ある撤退」ということでした。上手くいかないと思ったら、いつまでも引っ張らないではっきり断わる、それが勇気ある撤退です。

私が撤退する時は即決です。例えば、それなりの時間を使って何度も交渉し、譲れるところは譲っているのに、相手がさらなる要望をしてくるということがあります。そういう時はきっぱり撤退します。そこでまた相手の要望を飲んで進めても、いずれ何かあった時にまた同じようなことが起こるに決まっているからです。そして、その時はいまの要求のさらに上を言い始めるに違いない。だったらいまやめた方がいい。無理して進めても、無理が無理を生じさせて上手く行きません。

いまでは、新規の話を先生としていて、この辺がちょっと甘いんじゃないかとか、全体の内容がぼんやりしているといった場合には、初めからやりません。先生にもそれぞれの力量がありますから、無理をしても結局うまくいかないことがわかっているからです。

経営者の孤独と責任

支店長や所長は孤独に耐えられないと務まらない、とよく言われます。下の者は上司に対していいことは言いません。その孤独に耐えられない人は、幹部になれません。しかし、その孤独感と経営者の孤独感は全く違います。企業の支店長さんや部長さんにも、その役職なりの孤独感はあるでしょうが、最終的な責任は限定的です。

第四章で書いたように、私は赤字だった支所に所長として着任したので、本社から赤字を解消しろとがんがん言われました。そこで部下に「この営業所は赤字だから、本当はみんなが給料もらえないはずなんだ」と尻をたたきました。その私でも経営者になってわかったのは「所長の時には本当の危機感はなかった」ということです。

あの頃の私は、営業成績の上がらない部下に「本来なら給料もらえないよ」とは言いましたが、そうはいってもなんとかしてやらなければと思っていました。しかし、経営者なら、仕事ができたとしても、この人は駄目だと思えば切らなければいけないことがあります。人だけでなく、取引先にしてもまずいと思ったらパーンと切らなければならない。「ま、いいか」ではやっていけません。

経営者は社員全員の生活や人生を抱えています。会社の命運を握っていますから、会社が赤字なら大変な危機感です。絶対に甘えは許されません。当然、発想が違ってきますし、物の言い方も違ってきます。自分が信じて下した決断でも、成績が悪ければ、あの時ああすればよかったという悔いもあります。そのことを理解してくれる人は、世界中で誰もいません。自分を信じ、どんなことがあっても一人でやるしかありません。

私は、経営者は自分の会社が万が一「もう駄目だ」という事態になったら、絶対にやめなければいけないと思っています。債務超過は早めにやめればなんとかなりますが、苦しい状態が長く続くと「少しでもなんとかしてから」と思い、やめられなくなってどんどん深みに入っていく。そうやって倒産すれば、社員を巻き添えにしてしまいます。

なかには、「もうじき良くなるだろう」という経営者もいますが、それは評論家が言うことであって、経営者が言ったらお終いです。誰かに意見を求めることは必要ですが、最終的には撤退するなら撤退と一人で決めなければいけません。経営者にはそこまでの決断力が問われているのではないでしょうか。私は、どんな事態になっても社員に迷惑はかけないという覚悟を持って、日々のビジネスに取り組んでいます。

事務所を持たない理由

経営者はとことん孤独ですし、大きな責任がありますから、発想も全く違ってくると書きました。具体的には、私はいまだに事務所を持っていません。零細企業や中小企業の社長は自ら動かなければいけません。ビルに事務所を借りて社長室にいると、社長気取りになって動かなくなると思うからです。一日会社にいて、訪ねてきた誰かと話をしても、大した情報も得られないまま一日が終わってしまいます。

地方とはいえ、事務所を借りればガスや電気、電話が必要ですから、固定費で最低月に一〇万円くらいはかかります。それは本当に無駄なお金だと思います。私に用事がある人は、携帯に電話をかけてきます。打ち合わせや重要な話をする場合は相手の指定する店に行ったり、喫茶店でやっても間に合います。喫茶店なら一時間いてもせいぜい一〇〇〇円で済みます。夏は冷房、冬は暖房が入っています。こんなに安いところはありません。こんなふうに考えるのも経営者だからだと思います。

会社を立ち上げる前の一時期、お金がない生活をしていたこともあって、自分の物に関しては絶対に贅沢はしません。使える物は最後の最後まで使い切ってから捨てます。破れた靴下を糸で縫うくらいのことは私でもできますし、履けなくなったら洗って靴磨きに使っています。靴も丁寧に磨いてずっと履いていますし、踵が壊れたら一〇〇円ショップで踵だけ買って直せば十分に履けます。こうした手間を私は惜しみません。ケチと思われるかもしれませんが、いい物をバッと買うこともあります。そのメリハリが、私ははっきりしています。

贅沢な車には乗らない

車も中古車ばかりで新車は絶対に買いません。一店舗か二店舗を持っただけでベンツやＢＭＷの新車を買う経営者がいますが、あれは大きな間違いです。お金があると言っても、実際はお金が目の前を通っているだけのことです。そんな時期に贅沢なお金の使い方をすると一〇年先がおかしくなります。高級車に乗っても自分が満足するだけで、内心では誰も褒めてくれません。私が一三〇〇万円のベンツに乗ると、まわりの人間は「何だ、薬局の経営ってずいぶん儲かるんだな」と思うでしょう。従業員は内心「あんな贅沢な車に乗るのなら、もっと給料を増やして欲しい」と思います。一先生から見ても、いい感じはしないはずです。それに五〇〇万円の車を買っても、一年後に二五〇万円くらいの価値になってしまう。三年も経てば査定はほとんどつきません。そんなお金の使い方をするなら、自分の給料を増やした方がいい。

節税のために新車を買うという人がいますが、一度買うと利益が上がらなくても高級車を買い続けなければなりません。ベンツをクラウンに買い換えたら、「あそこの会社は大丈夫か？」とすぐに噂になります。私は中古の安い車ばかり買ってメンテナンスしながら上手に乗っています。だから一〇〇万円くらいの車で十分。走行距離が一〇万キロくらいでも気にしません。以前は五〇万円で買ったセルシオに乗っていましたし、いま乗っているのは二〇万円で買い、もうじき二〇万キロになります。五年落ちの中古を買ったら、五年前から乗っているつもりになればいい。七年落ちを買ったら、七年前から使っていると思えばいい。車検代はかかるけれど、経費で落ちるから足回りを整えれば新品同様になります。私はそういうことを全く気にしません。うちの社員から「社長、もうちょっといい車に乗ってもらえませんか」と言われたことがあるくらいです。しかしそれくらいでなければ経営者にはなれません。

ただし医師には「高級車に乗ってください」と勧めています。医師にはまず安全を考えてもらわなければなりません。万が一事故に遭っても、体へのリスクはできるだけ少ない方がいい。たいがいの医師は診察と勉強で家に帰るだけという生活で、他の遊びはなかなかできません。せめて車くらいは贅沢をした方がいいと思うからです。

怒らせずに社員を辞めさせるには

一方で、経営者として改めて、人を使うことの難しさも身に沁みました。社員は私が面接をして入社させた責任があるから、信用したいし信頼したい。信用がなければ組織にはならないので、それぞれのレベルは別として信頼をしながら成長させていきたいというのが私の考え方です。若ければ若いなりに、年配者は年配なりにそれぞれの信頼をしながら成長することを望んでいます。でも経営者としては、時に思い切ったことをしなければならないこともあります。「社長にわからなければいいだろう」と平気で裏切る人には、最後には辞めてもらうしかありません。仕事をしない社員は辞めさせたくなりますが、いきなりクビにはできません。辞めてもらう場合も怒らせないように、ミスをしまい込んでおいてしばらくは我慢します。

例えば、患者さんからクレームがあったのに、私に報告しないでシュレッダーにかけた事務員がいました。私は気付きましたが、最初の時は注意しませんでした。こういう人は絶対にまた同じことをやるからです。案の定二度目にやった時に、「あなた、以前にもクレームがあった時にシュレッダーにかけたでしょう。私は反省の意味であえて言わなかった。しかし、二回同じことがあって、患者さんも相当立腹されているから転勤をお願いします」と店を変わってもらいました。

同僚と上手くやれなくて周囲を困らせている人もいました。この方は、「あなたは実力があるから、こんな小さいところにいるよりもっと大きい組織に行った方が実力が出せるよ」と何回も繰り返しているうちに、辞めていきました。管理職だからといって夜勤をしない人には、「どうしても昼間の仕事だけやりたいというのなら、悪いけどあっちの店に行ってがんばってほしい」と伝えました。通勤の都合でいまの店を替わりたくないことを知っていたのですが、そう言いました。すると、「管理職も降ります、夜勤もやります」ということになりました。

ある店舗では、毎月一三〇〇万円くらいの売上があるから社長は何も言わないだろうと、勝手なことをしていました。しかし、一年のうちに三人の女の子が「この店長とは一緒にはできない」と泣いて辞めていきました、それでも半年間黙って見ていて、代わりの人を探し、見つかったところで一気に辞めさせました。

相手の言い訳は必ず聞く

ただし、こうした場合でも、いきなり「なんだ、こんなことをやって……」といったことは絶対に言いません。「どうしてこうなった?」と必ず相手の意見を聞いています。

こうしたことを何度も繰り返してわかってきたのは、年齢的に言うと四〇歳を過ぎた人は言ってもなかなか直らないということです。経験者はあそこの店はこうだった、あちらはこうだったと、私の方針と違うことを言い出します。結局、新しい店を始めるにあたっては、事務系の職員は全くの素人を集めるのが楽です。

結果として、いまでは事務員はほとんど新卒ばかりになっています。新卒は最初何もわからなくても、ちょっと教えればすぐできます。物事を覚えるのも動きも早いからです。現在は募集を出している短大から推薦された子は、全員入社させています。面接はしますがみんな面接の勉強をして来るので、質問への答えも提出してくる文章もそれほど違いはありません。学校に三人欲しいと言って三人推薦してくれたら面接をし、余程のことがなければ採用します。それでもよく働いてくれます。ずっと同じ短大から採用しているので、自分がミスしたら後輩に影響すると真面目にやってくれています。

経営者は社員を異動させたり、辞めさせるにあたっても、どうやったら上手くいくかを考えなければなりません。経営にはそういった仕事がかなりたくさんあります。

社員への信用とチェックは別

経営者は、従業員を信用することと会計等のチェックは別だということも、知っておかなければいけません。そこを履き違えて、「信用するからチェックしない」という社長は案外多いのですが、チェックをすることで「こういうことをしたらどうか」というアドバイスができるようになります。忘れていたことに気づくこともあります。だから、社員には信用とチェックは違う、疑っているわけではなくてチェックしているのだ、ということは理解してもらう必要があります。

また実際にはちょっとしたごまかし、公私混同をする人がいるのも事実です。例えば、現金を扱う店では、レジを打たずにポケットに入れてごまかすというのが一番簡単なパターンです。患者さんから一万円を預かり、レジで打ち間違えたことにして戻しを打つとゼロになるので一万円が浮く。こういうことをやる人がたまにいます。

知り合いの店が、税務署から「二重帳簿を作っている」と追求され、「そんなことはやっていません」と答えたのですが、調べてみたらレジの女の子がレジをごまかして、五〇〇万円をポケットに入れていたと発覚したことがありました。社長は「税務署に入ってもらって助かった」と言っていました。

あるクリニックでは、事務長が三億円を抜いていたという事件がありました。銀行から「預金残高がありません」と電話があったので、「そんなことはないだろう」と事務長に問いただしたところ、最後には「私が使いました」と白状したそうですが、もう遅かった。ネコババした金が三億円であっても、売上に計上して帳面を付けていればまだよかったのですが、付けていなかったので追徴金を払わなければならなくなりました。

「ちょっとだからいいだろう」はない

私の店ではそんな大事はありませんが、七〇〇〇円の飲食店の領収書を出した店長がいました。聞いてみると「先生と食事に行ったから」と言うのですが、先生と食事にいって七〇〇〇円ということはあり得ません。安い店だったと言いましたが、調べてみるとそういう店でもない。結局、知り合いと飲みに行ったのを回していました。

また、私が忙しくて面接に出られなかったので、店長にまかせて若い女性事務員を採用させました。ところが、入ったばかりなのに二カ月分のボーナスを払うと約束したと言いました。それでは以前から真面目に働いている子たちの方が給料が安くなってしまいます。そんなことを勝手にやる人もいます。

チェックを怠ったことで、例えば会計が一パーセント違ってしまうと、一〇〇〇万円の売上なら一〇万円がおかしくなります。経営者の中には「一パーセントくらい」と言う人がいますが、それは大きな間違いです。一割ならみんな追求するはずです。一パーセントなら月に一〇万円でも年間にすると一二〇万円です。一パーセントだからいいということにはなりません。「ちょっとだから」の「ちょっと」が大きい。経営者にはそのあたりの感覚がないといけない。ビジネスで「ちょっとだから」はありえません。

傾向が少し違いますが、私の店ではこんなこともありました。

薬剤師がある卸に電話して「この商品はいくらですか？」と聞きました。電話口の人は「それは言えません」と答えました。そこで「なんで言えないのや？」とさらに質問したそうです。実際に薬局とやり取りしている担当者しか、安いか高いかはわからないので、相手は「そんなことは答えられません」と電話を切りました。薬剤師は「いい加減な会社で値段を教えてくれない」と、支店長にクレームをつけました。支店長は訳がわからないから謝って電話を切ったというのです。

間違った取引先との交渉

私達の業界では「加重平均」という言葉を使いますが、これは例えば、A社から入れる商品を全体で一五パーセント値引きし、B社も全体で一五パーセント値引きしますということです。A社とB社では同じ品目の値段が違っても、全体では一五パーセント値引きになるわけです。

ところがこの薬剤師は、両方の会社から安い品目だけ買おうとしたのです。オール加重だから八五パーセントで入荷できるのに、一品ずつ比べて安い方を選んだらオール加重にならないし、そんなことをすれば単品ごとの見積りになってしまいます。それで全体が安くなるなどというまい話があるはずがありません。そんなことを問い合わせるだけで、会社の信用がなくなってしまいます。

それに、「もっと安い数字で」「もっと安くできるんじゃないか」と乾いたタオルを絞るような交渉ばかりやっていると、良い情報は入ってこなくなります。相手も生きていかなければいけない、こちらも生きていかなければいけない、その接点で一番良いところを見定めて、決めていく。私達の会社の生きる範囲もあれば、相手にも生きる範囲があるはずだから、その接点で落とし込むことを考えれば、みんながうまく回っていきますし、いい情報も入ってくる。経営者は社員にそうしたことも教えていかなければなりません。

経営者としての会話

経営者としての様々な経験は、病院経営に携わっている先生を接待している時にも役立ちます。

若い先生が開業する時には、「こういう点はこうした方がいいですよ」とか、「私の経験では、給料の支払い日は月末締めの一五日支払いにした方がキャッシュフローが楽になります」といった話をすることがあります。「先生、売上がちょっとだけ下がった時が一番危険です。一年間で計算するとこれくらいの金額になります。みんな、これがわからない」などと言うこともありますし、社員管理や雇用の問題も話題になります。「従業員は経営者を悪く言うに決っていますから、いちいち気にすることないですよ。私も何を言われてるかわかりませんが、気にしないことにしています。先生、私達は経営者ですから孤独に耐えないとあかんよ」。いまの接待では、そうした話をすることが多くなっています。私も失敗経験があるので説得力があるわけです。

サラリーマンではこういう話はできません。サラリーマンの言っていることはわかりますが、経営者として聞いていると、上っ面で根拠のない話をしていることが多いものです。誰かから聞いたことをポッとしゃべっているだけであって、その根拠は何かと突っ込むと、わからないことがあります。

私の接待は必ず一対一です。できない人はダシに使うために誰かを連れて行きますが、そういう人は一対一でビジネスをやろうと思ってもできません。その人がきちんとした情報を知っているかどうかは、会話の端々に出てきます。だから、経営者として医師と話す時は、的確なことを言わなければいけません。医師は医療者であるだけでなく経営者でもあるからです。経営者は経営者にしかわからない話がいっぱいあります。どんな質問がくるかわかりませんが、私は正直に答えているつもりです。

人間関係が変わってきた

経営者になったことで、新しい人間関係もどんどん広がってきています。

かつて巨人軍のピッチャーだった宮本和知さんとの出会いも、その一つです。会社を立ち上げた頃に、巨人ファンの医師と巨人の宮崎キャンプを見に行った時に、取材に来ていた宮本さんのチームと居酒屋で偶然一緒になったことがきっかけでした。翌日の飛行機も同じだったので、宮崎空港のレストランでまた飲んでいると、急に宮本さんだけ用事ができて宮崎に残ることになってしまいました。宮本さんが「淋しいなあ」と言ったので、私も飛行機をキャンセルして、宮本さんと一緒に宮崎市内に戻ることにしました。それから付き合いが始まりました。私のような人は他にもたぶんいるでしょうが、「宮本さん、宮本さん」ばかりで、取材クルーのことは軽んじる人が多いと思います。私が宮本さんをだけ持ち上げずに、取材クルーと飲みたいと言ったのを宮本さんは喜んでくれたようです。

その後、私が宮崎キャンプに行く時に宮本さんがいると、「今日はこういう人が来ているから一緒に飲もうか」と誘ってくれるようになりました。やがて私が東京に行く時にも、飲みに行くようになりました。ナゴヤドームで中日・巨人戦があると電話がかかってきて、取材の始まる前日の火曜日の夜に、名古屋で飲むようになりました。さらに、取材が終わると巨人の選手とも飲むようになり、選手が選手を連れて来るという形でいろいろな選手と知り合いになりました。ナイターが終わった後一〇時頃から飲み始め、翌日の試合に差し支えないように一時くらいまで飲む。みんな肉が好きだから、お酒はちょっとで肉を食べることが多いわけです。もしかしたらその後もどこかに行くのかもしれませんが、そこまで付き合うとこちらが持たないので行ったことはありません。

元プロ野球選手を呼んで野球教室を開催

これが縁になって、元プロ野球選手を呼んで、地域で小学生を対象にした野球教室を開催したこともあります。野球チームの顧問をやっているという人と飲んでいたら、荒れている小学校があって、そこでお子さんが野球をやっているというので、「それなら野球教室をやろう。僕がプロ野球の選手を呼んでくるから」と提案しました。

まず、子どもの親同士で話をしてもらったら「やりたい」ということだったので、「選手は連れてきます。その代わり一人三〇〇〇円ずつ出してください」とお願いしました。家によって五〇〇〇円は高すぎますが、三〇〇〇円なら子どものためなら出すだろうと思ったからです。ビジネスもそうですが、無料では責任がなくなるから絶対に駄目です。お金を出すと親も見に来ます。二〇人ほどの子どもが集まって、元プロ野球の選手にバッティングからランニング、キャッチボールを一通り教えてもらいました。何百人と集まるイベントでは、実際に指導してもらえるのは一部の子どもだけで、野球教室になりません。二〇人なら全員が一人ずつ声もかけてもらえるし、教えてもらえます。最後には参加した子どもの名前を入れてサインしてもらいました。

みなさんから集めたお金で選手の新幹線代とロイヤリティ代は払いましたが、それ以外の食事代や夜の飲み代などは、全て私が払いました。それでもやったのは、家族で子ども達の練習の様子を見に来ることで、子どもと親の間でコミュニケーションができる。やる前にも終わった後も話をするはずです。それだけでも親子関係が変わってくる。ふだんの試合では応援に来ない親も必ず来ますし、クラブチームに入れておけばいいと思っていた親も、こういうきっかけがあると見に来るようになります。

これが一つの目的です。学校の雰囲気が良くないからこそ、そういうことが大事だし、学校の雰囲気が変わるきっかけになればと思ったからです。子ども達を教えているコーチは草野球出身の人が多く、専門的な訓練を受けたことがない人もいます。そういうコーチがプロ野球の選手に会って話を聞くことも大事だと思いました。走り方ひとつにしても、やはりプロにはプロのやり方があります。例えば、一塁までの走塁にしても、ただ「早く走れ」と言うだけでなく、プロ選手は自身の経験をふまえて、「駆け抜ける前に一旦頭を下げると、いかにも早く走ったように見えるよ」などと教えてくれます。そういう一言一言をコーチが聞くことが大事なのです。

独立して経営が軌道に乗り、二、三年してからは、こんなことを始めました。そういうことができる縁もできてきたし、こうしたことをやることで、また新しい縁もどんどん生まれてきています。私は六五歳をすぎましたが、年を取って人との付き合いが増えるのは楽しいことです。

いろいろな方との出会いと交流

恵那郡の市町村の学校の生徒を集めて、巨人の原辰徳選手（当時）を呼んで野球教室を開いたこともあります。みんな原辰徳という同姓同名の選手が来ると思っていたようですが、本当に、原選手を始めとして、吉村禎章《さだあき》、斉藤雅樹《まさき》、篠塚和典《かずのり》、村田修一《しゅういち》、緒方耕一といった名選手がやってきたので、みんな驚いていました。ちょうど夏だったので、女の人が誰が原監督におしぼりをもっていくかをあみだで決めていたのを覚えています。まだ原さんが監督をやる前で、ちょうど巨人の選手が全国を回って野球教室を開いていたので、実現できた企画でした。打ち合わせの会議が何度もあって大変だったのも、良い思い出です。

北海道の刑務所に七年入っていた人が、出てきても就職先がないので、なんとかできないかと相談を受けて、清掃業の会社を紹介してあげたこともあります。暴力団の元組長だったようですが、組を解散し、刑務所内で簿記などの勉強をしたということでした。朝五時に起きて、ものすごく仕事をやる真面目な人で、いまでは独立して自分で清掃会社をやっています。

ある時食事をしたら「どこからも就職を断われた時は死のうと思った」と言っていました。反社会的な活動をしてきた人を雇うと、警察から会社に頻繁に連絡があるらしく、どこも雇わないのだそうです。がっちりした体で、いまでもきつい目をしていますが、そういう人がぼちぼち生活していけるようになったということは嬉しいことです。車も昔のベンツから軽のワゴン車に変えたと笑っていました。

この前は、障がいがあって車椅子に乗っている若者が悩んでいるというので、食事をセッティングしました。その若者は社団法人を立ち上げて、身体障がい者だけを対象としたケアハウスを作るために動き出したけれど、財政面も含めてどうやればうまくいくのか悩んでいました。その悩みを聞き、元気づけました。

ミュージカルに出ていた若い俳優が独立してプロダクション作ったので、三〇分だけ時間を取って「どうやれば成功するか」という話を聞かせてくださいと頼まれたこともあります。弱者を大事にして、絶対に天狗にならないこと。人を喜ばせることを真剣に考えなさい……そんな話をしました。

相談以外にも、仲間になってほしいとか、最近元気がないから気合を入れてくださいなどと言って来る若者もいます。誰かを介して「足立社長に相談したらどうか」「一回、足立社長と話してはどうか」ということで訪ねてくるケースが、どんどん増えてきています。知り合いからは、「よくあんな若い子たちと話ができるな」などと言われますが、私は若い人が好きですし、コミュニケーションを取ることも好きです。話してみれば、彼らも私達がいま何を考えているか、わかってくれます。

他にも仕事仲間の医師のところに診察を受けに来た相撲取りと友だちになったり、ミュージカルを見に行って若い舞台俳優と親しくなったこともあります。

ビジネスを強くするネットワーク

五四歳で起業して以来、今日まで無我夢中でやってきました。現在、私は合計五つの会社と二つのＮＰＯ法人を経営あるいは運営し、年商一七億円になっています。しかしこの間、お金を稼ごう、いくら儲かるといったことを考えたことは一日もありません。無闇に店舗を増やすことを考えたこともありません。考えたのは、良い医師ときちんとしたビジネスをやっていくこと。立派なポリシーを持って患者さんをしっかり診ている医師にアプローチして、一つひとつのビジネスを着実に、丁寧に展開していきたいということだけです。そのことが、現在の私を作ったのだと思います。

どんな事業であっても、経営をしていれば必ずハードルにぶつかります。高いか低いかは別にして必ずハードルが来ます。そういう時、人はどうしても逃げたくなります。しかし、逃げたら終わりです。逆境に立たされた時には、手を合わせてありがたがるくらいの勇気が必要です。そのハードルがあるからこそ面白味があると思えば、受け入れられるはずです。

屏風《びょうぶ》が立つのは、曲がって曲がって一枚になっているからです。真っ直ぐなら倒れてしまいます。私は「上手くいかないな」と思った時は、いつも「この問題は屏風だな」と思いながらやってきました。経営者はいろいろな問題に直面します。全ての問題を自分でやろうと構えるとおかしくなります。自分は頭が悪いと思って、わからないこと、知らないことは頭のいい人に聞く。スペシャリストであればお金をきっちり払ってでも尋ねる。この問題は誰に聞きにいけばいいのか、いろいろなスペシャリストを知っていることは財産ですし、成功する秘訣の一つだと思います。

例えば、家族の誰かが亡くなると、役所から埋葬料が五万円もらえます。しかし、日本は申請の国ですから、役所は自分からあげるとは言いません。こうしたことは、ビジネスでもたくさんあります。仕組みや制度、法律等々を知っているかどうか、教えてくれる人を知っているか知らないかでずいぶん違ってきます。この人に頼めば介護に関することは教えてもらえるとか、誰に相談すればいいのか助言してくれる。そういうネットワークが経営を強くしていきます。

本当に起業したいなら決断は一人で

起業には年齢も学歴も関係ありません。起業して第二の人生を生きたい、本当にやりたいのなら思い切って飛び出すことです。夢は持たなければいけませんが、持っているだけではつまらない、実現しなければいけません。実現するには進むことです。

私は誰にも相談せずに会社を辞めました。誰かに相談する人は辞めません。奥さんいや兄弟や知人に相談すれば、絶対「もったいない。もうちょっとやればいいじゃないか。定年退職してからでいいじゃないか」とか言われるに決まっています。それを聞くと、ほとんどの人は思うだけで行動しません。やらない、動かない、不満を言って人のせいにする……。それを破りたいのであれば、自分自身で決断して現状から飛び出すことです。

成功している人を見ていてわかるのは、行動力がずば抜けていて、情熱と熱意があることです。いいと思ったらすぐに行動する。それが起業の第一歩です。飛び出して自分で事業を始めるのなら、中途半端なことをやってはいけません。起業して一〇年後には起業した会社のうち一割しか残っていないという統計を見ると、存続できなかった会社はスタート時にどこか甘えがあったのではないかと思います。何度も書きますが、担保があれば安心だからとサラリーマン時代の得意先を持っていこうなどと考えるのならやめた方がいい。そういう小賢しい計算をする人は、最初は上手くいったように見えても何年か先に必ず危機に陥ります。自分だけの看板で何件取引先が増えたか、どれだけ開拓ができるかが大切です。ビジネスには保障はないし、学歴もありません。立派な学歴がある人は、そうした過去を捨てて徹底的に人のためになることを考えることです。経営者は経営者として、徹底して経営者にならなければいけません。

大才は袖振り合う縁をも生かす

あえて言いますが、私は経営者になって、ようやく本当のビジネスがわかったと思っています。サラリーマン時代もビジネスをやっていたつもりでしたが、いまとなっては、会社という枠の中で、言われたことをやっていればよかったように感じます。しかし、社長業はそれではやっていけません。人の話はよく聞きながら、自分で判断し、自分自身でやらなくてはいけません。当たり前のことをやりながら、さらに良いことを実行していかなければなりません。

調剤薬局でいえば、病院からの処方箋を持ってきた患者さんに薬を出していれば良い時代もありましたが、いまやそれでは生き残れません。在宅の患者さんにも対応しなければいけませんし、病気の予防や介護にも係らなければいけません。薬局で何ができるかということを常に考え、新しいものを取り入れていかないと生き残れません。

そのためには、他の経営者や業界の人だけでなく、いろいろな人の意見をいただきながら進めていかなければいけません。

しばらく前に知人が「柳生家家訓」というものを教えてくれました。徳川家の剣術指南を担当した柳生家の家訓だそうです。

小才は縁に会って縁に気づかず
中才は縁に気づいて縁を生かさず
大才は袖振り合う縁をも生かす

あまり才能のない人はチャンスに気づかない。中くらいの才能の者はチャンスに気づいていても飛びつかない。本当に才能のある人は、袖が触れるほどの小さなチャンスも逃さないという意味だそうです。

私に本当に才能があるかどうかはわかりませんが、小さなチャンスを逃さないように心がけてきました。これからもそうでありたいと思っていますし、これから起業する方も、どうか小さなチャンスを大切にしてほしいと思います。

あとがき

サラリーマン時代、私が挨拶しても知らん顔をする大手の製薬会社の営業部長がずいぶんいました。おそらく「お前のような若造がなんだ。うちの薬を売っているからお前らは儲かっているんだ。俺達がお前らを食わせてやっているんだ」というくらいのことを思っていたのでしょう。実際に「うちの薬をもっと売らないとボーナスを払わないぞ」と言った人もいました。

しかし、私は、どんな小さなことでも誰かを軽視したり無視することは、仕事をやるうえで絶対にやってはいけないと思っています。それは人間としても最低なことです。仕事で最後に大切なのは人間関係です。

起業し、薬を売る立場から薬を買う立場になって、私は「私の会社も生きていかなければならないので、お互いが生きられるところを接点にしましょう」と、はっきり言うようになりました。ビジネスですからお金を儲けなければなりません。しかし、本当にお金を儲けようと思って価格交渉をするのなら、私自身も努力しなければいけないといつも考えています。

「物が売れない」などと愚痴を言っているのは、何も考えていない証拠です。そんなことを言うなら、相手をいま以上に喜ばせるにはどうすればいいのかと考えるべきです。そうすれば、お客さんが喜び、リピーターも増えてきます。もっと良いものを作ろう、喜んで帰ってもらおうと常に考えていれば、みんなに気持ちよく帰ってもらえます。そこに、みんなにとって心地良いビジネスがあるのだと思います。

私はいま、「明るく楽しく元気に」をモットーにしています。夢があるから楽しい。健康だから元気でいられる。笑顔でいるから明るくなれる。笑顔の中には感謝があります。仕事を続けていくためには、感謝を忘れてはいけません。感謝がない人は何をやっても絶対に成功しません。成功している人は、心の底に必ず本当に綺麗な感謝の心を持っていると思います。

この本を出版するにあたっては、「ほんの木」代表の高橋利直さん、スタッフの岡田承子さん、フリーの編集者の戸矢晃一さんに大変お世話になりました。本を出すということが、どんなに大変なことか、色々と勉強させていただきました。

最後に、毎日忙しく飛びまわっている私を支えてくれている妻順子に、普段は言えない感謝の言葉を記し、あとがきとします。

二〇一七年八月吉日　足立雄三

足立雄三《あだち ゆうぞう》

昭和二三（一九四八）年一月一日、岐阜県恵那郡岩村町（現・瑞浪市釜戸町）生まれ。（小学校一年〜中学三年の成績は生年月日と同じ）私立中京高等学校（岐阜県瑞浪市）卒業後、大互製薬株式会社（愛知県名古屋市）入社。（営業コンテストでは常に一位をとりにいく。成績優秀賞は二回の海外旅行。国内旅行は一〇回以上とる）

昭和六一（一九八六）年四月、株式会社中薬（愛知県名古屋市）との合併と同時に本社勤務。（ライバル会社への吸収合併でいじめにあう）

平成一二（二〇〇〇）年八月、株式会社中薬を退社。（薬業界三五年の営業人生に終止符を打つ）

平成一三（二〇〇一）年九月、調剤薬局の有限会社エスエー設立。（新たな起業人生スタート）

平成二九（二〇一七）年九月、一〇店舗、年商一五億、一〇〇名の社員を抱える企業グループになる。

ＮＰＯ法人グッドシニア理事。ＮＰＯ法人東濃メディカルゾーン理事。陶都信用農業協同組合（ＪＡとうと）理事。シイティー株式会社代表取締役。

- 趣味…スピードスケート、ボクシング、アマチュア無線、小型船舶、華道松月堂古流教授、茶道は表千家、調理師免許、スキー、炭火焼き。
- 好きな言葉…人に勝つより自分に勝て、努力、根性、栄光の道、人の喜ぶを常に考え行動すること。

足立流 ど根性幸福論

二〇一七年九月一〇日　第一刷発行

著者　足立雄三
発行人　高橋利直
編集　戸矢晃一
業務　岡田承子
協力　篠澤佐代子
発行所　株式会社ほんの木
〒一〇一-〇〇四七　東京都千代田区内神田一-一二-一三 第一内神田ビル二階
電話 〇三-三二九一-三〇一一　ファックス 〇三-三二九一-三〇三〇

印刷　東光整版印刷株式会社

造本には十分注意しておりますが、乱丁・落丁の場合はお取り替え致します。恐れ入りますが小社宛にお送りください。送料は小社負担でお取り替え致します。但し、古書店で購入したものについてはお取り替えできません。
本書の一部あるいは全部を無断で複写複製することは、法律で認められた場合を除き、著作権の侵害となります。また、業者など、読者本人以外による本書のデジタル化は、いかなる場合でも一切認められませんのでご注意ください。

© Yuzo ADACHI 2017　printed in Japan　ISBN 978-4-7752-0103-9　C0030

良い本を広く社会に(Since 1986)

自費出版のご案内

ほんの木の自費出版は社会貢献型です。

自費出版を、著者のご希望にそって、総合的にプロデュースします。

全国主要書店への流通から、パブリシティー・プランまでご相談承ります。

著者の想いと夢を形にします!

●費用は、本の形、頁数、造本、写真やイラストの有無、カラーか1色か、原稿の完成度などにより異なります。

●詳しくは、小社までお問合せください。

〈お問い合わせ〉株式会社ほんの木

〒101-0047 東京都千代田区内神田1-12-13 第一内神田ビル2階

TEL 03-3291-3011　FAX 03-3291-3030　メール info@honnoki.co.jp

良い本を広く社会に(Since 1986)

子ども食堂を作ろう　深刻化する子どもの貧困

市民セクター政策機構 編

1000円(税別)

子ども食堂を始めたい、興味がある、手伝いたいと思っている方におすすめのヒント集&全国子ども食堂レポート。

祖国よ、安心と幸せの国となれ

リヒテルズ直子(オランダ教育・社会研究家)著

1400円(税別)

オランダの教育、社会を実践的に丸ごと紹介。日本の未来像が描かれた本。幸せな生き方と社会のあり方を示す一冊。

市民の力で東北復興

ボランティア山形 著

1400円(税別)

東日本大震災の時、米沢市民をコーディネートし、福島の原発避難者を支えた。高い評価を受けたボランティア活動の記録。

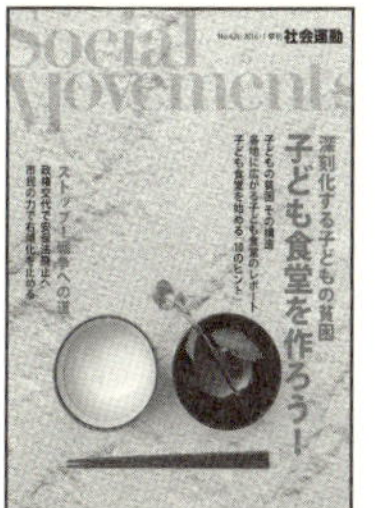

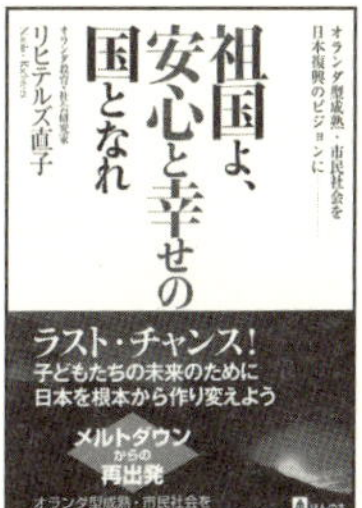

定価1000円(税別)以上で送料無料です。お支払いは、メール便でのお届けは郵便局の後払い、冊数が多い宅急便でのお届けは代引きでお願い致します。

良い本を広く社会に(Since 1986)

ゆるマナー 始めましょ

岡田承子・柳田圭恵子(マナー・インストラクター)著

1000円(税別)

マナー・接遇インストラクター2人が、マナーの大切なポイントを、やさしく、楽しく、わかり易く書いた格好の入門書。

88万人のコミュニティデザイン

保坂展人(世田谷区長)著

1500円(税別)

人権と民主主義に根ざした、参加する区民のまち世田谷区が熱い心で描かれている好著。区長の実践を語るエッセイ。

幸せを呼ぶ香りのセラピー

山下文江(フレグランス・デザイナー&セラピスト)著

1200円(税別)

初心者のためのアートセラピー入門書。絵画と同じ感覚で作る香水。芳香心理療法を考えている方にもおすすめです。

東京都千代田区内神田1-12-13 第一内神田ビル2階 (株)ほんの木

TEL 03-3291-3011　FAX 03-3291-3030　メール info@honnoki.co.jp

良い本を広く社会に（Since 1986）

統合医療とは何か？が、わかる本

日本アリゾナ大学統合医療プログラム修了医師の会 編

１４００円（税別）

西洋医療だけではない新しい医療概念「統合医療」についての理解を深める本。新しい医療の提案。

アマゾン、インディオからの伝言

南研子（熱帯森林保護団体）著

１７００円（税別）

天声人語で絶賛。電気も水道もガスも、貨幣経済もないインディオとの生活ルポ。読む者を感動させ、魅了します。

ツボdeセルフケア

カラダとココロをオーガニックにする88の方法

宮下正義（アース治療院）著

１３００円（税別）

東洋医学を基本に、体のツボ押しであらゆる治しと癒しを実感できる一冊。体調不良の改善に、家庭で自分で実践を。

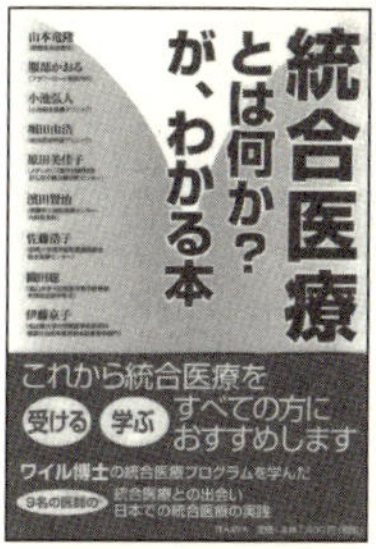

定価1000円（税別）以上で送料無料です。お支払いは、メール便でのお届けは郵便局の後払い、冊数が多い宅急便でのお届けは代引きでお願い致します。

良い本を広く社会に(Since 1986)

地域自給で生きる 格差・貧困から抜け出す途《みち》

市民セクター政策機構 編

1000円（税別）

循環型経済が未来を拓く。地方をもっと元気にする「自給ネットワーク」を全国5つの事例とともに紹介。

「リベラル日本」の創生

平岡秀夫（第88代法務大臣）著

1500円（税別）

大蔵官僚・法務大臣、衆議院議員、弁護士…。行政、立法、司法の「三権」に携わった著者が問う渾身の政策論。

ゴルフ場そこは僕らの戦場だった

西村國彦（弁護士・ゴルフジャーナリスト）著

1600円（税別）

名門太平洋クラブの会員達が金もうけ資本主義のハゲタカファンドに勝った！　壮絶な運命と奇跡のゴルフ場再生ドラマ。

東京都千代田区内神田1-12-13 第一内神田ビル2階（株）ほんの木

TEL 03-3291-3011　FAX 03-3291-3030　メール info@honnoki.co.jp